迷走する
グローバル資本主義のゆくえ

博愛資本主義という考え方

著者◉細海 真二／ロブ・ジョン　　　監修◉石原 俊彦
　　　SHINJI HOSOMI　ROB JOHN　　　　TOSHIHIKO ISHIHARA

関西学院大学出版会

迷走するグローバル資本主義のゆくえ

博愛資本主義という考え方

まえがき

　本書は、「博愛資本主義とはなにか」「社会に実装するために必要な考えとは」という問いについて、日英の研究者が論じた基本書である。現代社会は多くの矛盾に満ちており、先進国、新興国を問わずに共通する貧困や格差の課題がある。富裕層が富を独占し、中流層は下層に転落するリスクを抱える。かつて日本においては「1億総中流」といわれた時代が存在したが、いまや大きな試練を迎えている。ひとたび社会のレールから脱落した場合にセーフティネットが整備されている必要があるが、わが国の制度は脆弱で、複雑かつ困難な仕組みになっている。不正受給を防止するため何らかの措置が必要なことは否定しないが、生活困窮者に対して向けられる視線は決して温情的ではない場合が多い。社会的スティグマという課題もある。受給者に対する差別意識や偏見のことである。権利として最低限の生活保障制度があるが、社会の側にも、受給する側にも生活保護を恥とみなす風潮がある。しかしながら、生活困窮者を自己責任と切り捨ててはならない。

　これは英国においても同様である。2016年のカンヌ国際映画祭で最高賞（パルム・ドール）を受賞した「わたしは、ダニエル・ブレイク」には、心臓病のため失職した還暦前の職人気質の男性とシングルマザーの交流が描かれる。病気で働くことができないにもかかわらず、国の雇用手当を受けるため求職活動をしなければ受給資格を得られない制度の矛盾、また複雑な手続きを強いることで不正受給を抑止したり、請求を取り下げさせたりするかのような設計。これらは、給付を希望する者の尊厳を奪いかねない。そこには機能不全に陥った役所の仕組みやセーフティネットの脆弱さが浮き彫りになっている。そして、主人公の痛切なメッセージが映画の終盤にみられる。作品を通してケン・ローチ監督が最も伝えたかった内容が集約されているものと

思われる。作品が上映されて以降、英紙「ガーディアン」は、さまざまな立場の人々が意見を述べ合う長文の記事を掲載してきた。官僚主義的とされる社会保障制度のため、右往左往させられる無力な生活困窮者のストーリーは、教訓的でときに煽情的な内容と批判される場合もあるが、多くの人の心をとらえたことは事実である。映画の話だけではないことは、大きな社会現象として人々の共感を受けたことからもいえるだろう。

　現代社会には、巨万の富を手にしたエコノミックエリートに対して、社会の下層に暮らし這い上がろうとする意欲を失った者たちがいることを忘れてはならない。彼らは経済的に恵まれないばかりではなく、自尊感情においても深い傷を負っている場合が少なくない。自尊心の格差である。自尊心をくじかれてしまった者たちにどのような支援の方策があるだろうか。多くの矛盾を抱え、政府はどのような役割を果たしていくべきなのか。大きな政府か、または大きな社会かといった制度設計の話ではなく、公共経営の先の議論が必要と考える。

　この難解なパズルに関して、ベンチャーフィランソロピーの最先端研究者であるロブ・ジョン博士との交流のなかで、見えてきた思考の糸口があった。それが、フィランソロピーとキャピタリズムの合成語であるフィランソロキャピタリズムの概念フレームワークである。本書は、このフレームワークに基づいて実例を盛り込み解説を試みたものである。フィランソロキャピタリズムに定訳はないが、本書では博愛資本主義という用語を採用している。博愛資本主義は、ユートピアのような形のないものではない。弱肉強食を是とする冷徹無慈悲なグローバル資本主義でも、権力者や資本家がフリーハンドを得る新自由主義でもなく、社会的包摂を基盤としてインパクト投資を実行していくことで実現可能なポスト資本主義の形態である。現内閣が標榜する新しい資本主義もこの概念に包含されるものといえるだろう。

　「冷静な頭脳と暖かい心をもって、社会に横たわるさまざまな困難な課題に取り組むために全力を尽くす若者を、強い人間の偉大な母たるケンブリッジから世に送り出してゆきたい」。これはアルフレッド・マーシャルが 1885 年にケンブリッジ大学教授に就任した際のスピーチである。さらに続けて、国家と帝国の社会問題に高度な専門的知識を有する人材を育成することの重要性を語った。

　本書は、社会科学領域にモラル・サイエンスが果たす役割についても内包している。各章を通して、現在のグローバル資本主義に対して倫理の再興という新たな座標を示したいという思いを込めたものである。なお、読者の質問に答えるため、一部に質疑応答を用意している。一方通行の講義形式ではなく、できる限り双方向のコミュニケーションを心がけた。本書が、日本内外においてフィランソロピーの研究と実践に豊穣^{ほうじょう}な議論が育まれていくことを祈念している。

　　2022 年 5 月

　　　　　　　　　　　　　　　　　　　　　細 海　真 二

※※

　日本語版を出版するにあたり、ベンチャーフィランソロピー研究者として一言ごあいさつしたい。私は英国ウェールズ南部のブリジェンド近郊に生まれ、ブリストル大学を卒業し、オックスフォード大学大学院で有機合成化学の研究者として学者人生をスタートした。英国からアメリカ、ヨーロッパ、アフリカを経て、アジアでも研究を行い、また実務家としての顔も有する。現在は、ケンブリッジで神学の教鞭をとる妻と数匹の愛猫とともに大学近郊で暮らしている。またスコットランドのセントアンドリュース大学フィランソロピー研究センターフェローをしている。オックスフォード、ケンブリッジ、セントアンドリュース、これら3つの大学は英国で最古の歴史を誇る高等教育の砦であり、キリスト教教育機関として設立され現代社会のさまざまな課題解決に貢献する有為なる人材を育成してきた。さまざまな国で、多くの研究者、実務家と出会い、片方にサイエンスの洞察、もう片方にファイナンスの力をもって人生を歩んできた。ファイナンスの力をもったからといってミリオネアになったわけではないのだが（苦笑）。

　ここ30年ほど、私の人生航海において、中核として研究してきた領域であるベンチャーフィランソロピーについて紹介したいと思う。2011年からシンガポール国立大学ビジネススクールシニアフェローとして、フィランソロピーにおけるイノベーション、ギビングサークル、インパクトエンジェル投資、企業フィランソロピーの新たなモデルの研究に従事し、ソーシャルベンチャーズ香港のグローバル・アドバイザー、コンファレンス・ボードのアドバイザリー・ボードを歴任してきた。これらの経験を踏まえて紹介してみたい。

　ベンチャーフィランソロピーをどのように説明すれば読者にうまく伝わるだろうか、その起源や時間的、地理的な変遷について考えてみた。欧州とアジアにおいてフィランソロピーの研究と実践について、

個人的な考察を交えて紹介しよう。これはいわば私自身の人生のロードムービーである。私にとっては、興味深く神経を消耗しながらも実にエキサイティングな旅であった。

　1990年代後半から、社会問題を解決するために慈善事業モデルに代わって、ソーシャルカンパニーが注目を集め、数多く設立されるようになった。これにともない、社会起業家やベンチャー企業のニーズに合った新しいソーシャルファイナンスが注目されてきた。ベンチャーフィランソロピーのモデルは、事業計画を支援する財務以外のサービスを加えることで、助成金や補助金をより効果的なものにしようとするものである。換言すれば、ビジネスにおける資金調達の仕組みを、チャリティやソーシャルカンパニーのニーズに応用する動きが広がっていったものである。リスクキャピタルやメザニン資金、ソーシャル・ベンチャーキャピタル、インパクトボンド、休眠資産など、ベンチャーフィランソロピーに加えて、非営利組織の資金調達の新しいアプローチを説明する用語が増えていった。これらは専門的な用語であり少々複雑でもある。社会の課題解決にファイナンスの力を借りて、軌道に乗せていくことは非常に重要なことである。グローバル資本主義や新自由主義では社会の課題に対応できないことは自明であり、公平で、効率的で、より良い社会を実現していくためにはソーシャルファイナンスの強化が重要である。そしてそれを可能にするため、新たなフィランソロピーを哲理とした公共ガバナンスを構築する必要がある。どのように構築していくのかその道筋を本書に綴っていきたい。なお、セントアンドリュース大学スクールオブマネジメント（経営学部）のTobias Jung教授には共著者の間をとりもってくれた縁に感謝したい。

　2022年5月

　　　　　　　　　　ロブ・ジョン

目　　次

第**1**章

博愛資本主義とはなにか

富の公正な再分配とフィランソロピーの共存

1.1 新しい資本主義始動

2021 年 10 月に誕生した岸田内閣は、成長と分配の好循環を看板政策とした「新しい資本主義」を掲げている。「新しい資本主義」とはいかなるものだろうか。その本旨は、コロナ禍で傷ついた経済の回復を軌道に乗せ、さらに富の再分配の強化によって、細りゆく中間所得者層の購買意欲を高めることで税収を確保することにあると考えられる。一方で、生活困窮者に対する一層の支援はさらに喫緊の課題といえるのではないか。

2008 年のリーマンショックを端緒に金融危機が発生し、その結果、緊縮政策が敷かれ公共サービスの力は弱まり、社会保障など福祉、教育、医療等の分野において予算削減が行われてきたことは先進国共通である。本来、公的に救済されるべき生活困窮者は、政策のなかに置き去りにされ、格差がさらに拡大している現実は見過ごすこと

はできない。OECD（経済協力開発機構）は、支出削減は社会的弱者の生活をさらに困難にし、今後の社会的連帯を損なうおそれがあると指摘している。さまざまな社会の課題を解決するために活動するNPOは、持続性や財政面で課題を有しており、生活困窮者や社会的弱者に向けたフィランソロピー支援を強化することが求められよう。

1.2　フィランソロピーとはなにか

2008年にビショップ＆グリーン共著で『フィランソロキャピタリズム』（原題 *Philanthrocapitalism: How Giving Can Save the World*）が出版された。これまで、ほとんどのフィランソロピーには、中長期の目線や戦略性・進捗度管理成果志向といった発想はなかった。フィランソロピーは、篤志家による大口の寄付または企業や財団による支援とみられてきたからである。これに対して莫大な富を築いた実業家によってビジネスの論理がもちこまれ社会問題の解決を図る仕組みができつつある。一方でこの考え方に集まる批判もある。富裕層が果たして社会問題を解決する資格があるのかという点である。一部の実業家は労働搾取などによって億万長者になったという批判があるからである。この議論は別の機会に譲るとして、社会を構成するすべての人が参画可能なフィランソロキャピタリズムのフレームワークを構築することが求められる。全員参加のフィランソロピーを実現するには、どのような仕組みが必要だろうか、議論を展開したい。

その前に、フィランソロピーとはどういう意味だろうか。この言葉は古代ギリシャ語を語源にもち、フィロス（愛）とアントロポス（人類）の合成語である。したがって、フィランソロピー≒人類愛である。また、派生語として哲学を意味するフィロソフィは、フィロス（愛）とソフィア（智）の合成語で、知（智）を愛するという意味で

ある。フィランソロピーは、現在では、「裕福な個人や組織が公共の
利益のために自分の資金や労力を寄付する」ことと解釈されてい
る。チャリティという言葉もよく耳にするが、こちらは困窮する人
に金銭や物資を直接寄付することとされる。この 2 つは似て非なる
ものということができるだろう。このフィランソロピーとキャピタリ
ズム（資本主義）の合成語であるフィランソロキャピタリズムは、博
愛資本主義や慈善資本主義と訳される。

1.3　博愛資本主義の社会実装

　この博愛資本主義を社会に実装するためには、以下の 3 点が重要
と考えられる。

①社会的包摂（ソーシャルインクルージョン）の思考概念を基盤と
　する
②インパクト投資を実行することで NPO など非営利組織を支援す
　る
③コ・クリエーション（価値共創）を実現するためのネットワーク
　を構築する

　筆者は、この 3 要素を乗じた結果が博愛資本主義の最大化につな
がる公式と考える。
　①の社会的包摂については、ソーシャルインクルージョンの日本語
訳である。生活困窮者や社会的弱者を社会のなかで庇護すべき対象か
ら、社会参加を実現していこうというものである。低賃金で雇用を実
現するのではなく、社会的に常識とされる対価を受け取ることができ
る制度設計が求められよう。②のインパクト投資は、ソーシャルイン

図表 1-1　博愛資本主義（フィランソロキャピタリズム）の公式

出所：筆者作成。

パクト・ボンド等が考えられる。また、ESG 投資もこのインパクト投資に含まれるものである。③のコ・クリエーションは全員参加を基本とする価値創造である。資源や知識を共有し価値を作りあげるために産官学の相互連携に加えて NPO、NGO やメディアが積極的な貢献を果たしていくとともに、市井の人たち（すなわち私たち自身）が関与することが不可欠といえる。これら 3 要素は図表 1-1 のようなフレームワークで表される。

　読者の皆さんは次のエピソードを覚えておられるだろう。2018 年夏、2 歳男児が山口県周防大島町の山中で行方不明になり大捜索が行われたが、発見に至らず生存が危ぶまれていた事態に、大分県日出町在住のボランティアが救出したことがあった。「スーパーボランティア」として一躍時の人となった尾畠春夫さんは、80 歳をこえる今も人知れず各地でボランティア活動を続けておられる。

　フィランソロピーは、大口の金銭の寄付ばかりではなく、時間の供出や、プロボノとよばれる専門知識を有した人による知の供出といった貢献もある。ヒト、モノ、カネ、時間、専門知識どのようなものでもフィランソロピーを担う存在になるのである。とりわけボランティア活動によって額に汗するしずくの一滴々々が社会的包摂を実現するための永続性のカギになると考えられる。尾畠春夫さんは、フィランソロピーの崇高な体現者のお一人といえるだろう。博愛資本主義の公式を紐解いていくと、図表 1-2 のようなフレームワークとなる。

図表 1-2 博愛資本主義のフレームワーク

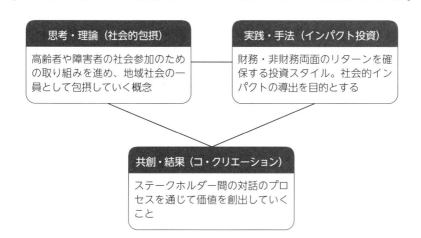

思考・理論（社会的包摂）
高齢者や障害者の社会参加のための取り組みを進め、地域社会の一員として包摂していく概念

実践・手法（インパクト投資）
財務・非財務両面のリターンを確保する投資スタイル。社会的インパクトの導出を目的とする

共創・結果（コ・クリエーション）
ステークホルダー間の対話のプロセスを通じて価値を創出していくこと

出所：筆者作成。

　格差縮小のための所得再分配、または富の再分配の施策は税制や社会保障などの面から重要であり、政府による専管事業とされてきた。日本においては、人口減少と少子高齢化によって、財政状況の好転がみられず、また小さな政府を志向した行政システムでは多様な課題に対応できない現状がある。1970 年代末から、英国のサッチャー首相によるサッチャリズムや米国のレーガン大統領によるレーガノミクス、日本では、1982 年の中曽根政権、また 2001 年以降では小泉政権による「聖域なき構造改革」など新自由主義のもとで行われた規制緩和が、人々の暮らしを便利により豊かにした。しかし、一方で「持つ者」と「持たざる者」の差の拡大や正規・非正規労働者間の格差が固定した。経済性・効率性を重視した市場メカニズムの活用は、社会的弱者に対してセーフティネットをどのように構築するかとセットで考えていく必要がある。

　そして、さまざまな社会問題に支援の手を差し向ける非営利組織、とりわけ NPO の活動が重要視される。政府と NPO の関係性の変化

と NPO の社会的意義を考察することと並行して、NPO をどのように支えていくかという考察が喫緊の課題である。わが国は供給側には、人口減少と少子高齢化への対応や中長期的に厳しい財政状況などの課題があり、一方で需要側では、行政サービスの維持や地域の活性化等のさまざまな課題がある。この相反する課題へ対応していくことが求められるが、小さな政府を志向した行政システムでは課題に対応できず、したがって多様な主体によるガバナンスを前提とした仕組みづくりが必要となる。また、官・民・非営利セクターを含めた協働を重視する枠組みが求められる。NPO やソーシャルカンパニーをファイナンスの面から支援するインパクト投資に関して、次の章からロブ・ジョン博士の論考を見ていきたい。

Q&A　質疑応答

Q：これまでの説明でセーフティネットが重要なことは分かりましたが、日本のセーフティネットは他の先進諸国と比較して脆弱なのでしょうか。

A：わが国の雇用制度は、高度経済成長のもとで、年功賃金をベースとした終身雇用が前提とされてきたこともあり、失業や転職支援のための職業訓練制度など雇用におけるセーフティネットが十分に制度として設計されてこなかったのです。国際的にみて雇用におけるセーフティネットの整備状況は低水準であり、職業訓練、失業者対策事業などをはじめとした労働市場政策費が海外に比べて比率が低いといえます。

※本章は、『ながさき経済』新年号 No. 384（通巻 No. 744）、長崎経済研究所、pp.110-113、2022 年に掲載した内容を一部加筆修正したものである。

[注]

1　マシュー・ビショップは『エコノミスト』のチーフライター。マイケル・グリーンは、国際開発の専門家。両氏は 2008 年に *Philanthrocapitalism: How Giving Can Save the World* を上梓した。

2　矢口祐人・吉原真里編著『現代アメリカのキーワード』ヘザー・ダイアモンド、荒木慎也訳「フィランソロピー」中公新書、2006 年。

第**2**章

アントレプレナー・ソーシャルファイナンスのエコシステム

　アントレプレナー・ソーシャルファイナンスとは、さまざまな社会的課題を解決することを主眼にビジネスを行うソーシャルカンパニーやNPOなどの非営利組織に対して行われる資金調達をはじめとした財務・非財務を含めたリソースの提供を指す包括的な表現である。アントレプレナー・ソーシャルファイナンスには、ベンチャーフィランソロピーやインパクト投資といった概念が含まれる。

2.1　ベンチャーフィランソロピーとの出会い

　筆者は、もとはオックスフォード大学大学院で有機化学を専門に研究する化学者だった。縁あって1980年代初頭に、米国のパデュー大学にわたり、後年ノーベル化学賞を受賞される根岸英一研究室の研究員となった。そこで、後に命名される根岸カップリングを発見する研究にかかわることになり、その結果ノーベル賞随伴貢献者（major contributor）として栄誉を共にすることができた。根岸教授の指導は実に米国流で、とりわけ英国や欧州の研究者からみればかなり異色といえた。研究成果を論文として発表せよという成果重視主義であった。実験に失敗し、一からやり直しをしなければならない場合であっても、それを論文として公表せよ、というのである。その結果として、研究の実験プロセスがすべてガラス張りになるという成果をもたらした。失敗データからインサイト（示唆）を明確にし、普遍的な真理の追究に援用するというものである。これらの経験は、後のベンチャーフィランソロピーの社会実装において大いに役立つことになった。その後、1983年に根岸教授も大変驚かれ、また引きとめられもしたが、新たな挑戦のためエチオピアのアディスアベバ大学の化学教室に教職を得てアフリカ大陸にわたった。

　人生の転機となるこの経験は、筆者が化学研究から離れて、非営利組織で働くことになるものだった。欧米しか知らない筆者がアフリカで実際に目にした現実世界の苛烈さが大きく影響していることはいうまでもない。

　その数年後に社会貢献活動を行うNGOに転職し、15年間、アフリカやアジアの難民コミュニティで人道支援や経済開発に携わってきた。この分野において科学的知見が重要になるという確信があった。仕事の中身は、主に開発プロジェクトの管理と資金調達を行うことであった。それまで資金調達に関与したことがなかったため、ドナーや資金申請、大口寄付などフィランソロピーについて学ぶことが多くあった。NGOのプロジェクトマネージャーとして、ドナー（民間企業や企業系財団、政府省庁、多国籍機関）から与えられるテンプレートに沿って、資金申請書を埋める毎日だった。ドナーのなかには、もっと詳細な情報が欲しいと質問してくる人もいる。これは、銀行で教育ローンや住宅ローンを申し込むときのようなある種の契約申請である。資金調達に成功すれば、資金提供を行った機関から報告の義務

が課されることになるが、多くの場合、資金提供の終了時点で定められた報告書を提出するだけである。

1996年に、難民支援の仕事から、当時は比較的新しい分野であったマイクロファイナンス（零細企業家への小口融資）にフィールドを移したが、先に述べたドナーとの関係性についての経験は、筆者に大きな示唆を与えた。

その後、オックスフォードを拠点とするオポチュニティ・インターナショナルに参加することになった。オポチュニティ・インターナショナルは、マイクロファイナンス・バンクと支援パートナー協定を結ぶグローバルなネットワークである。オポチュニティの英国オフィスは、アジア、アフリカ、ラテンアメリカのパートナーのマイクロファイナンス・バンキング事業を推進するために英国政府やEUから資金を得ることを目的としていた。筆者は、以前の仕事と同様、資金調達の活動を続けた。その後ある出来事が筆者に大きな変化をもたらした。オポチュニティの理事会に初めて出席したときのことだ。資金提供者は理事会に出席することなどなく、ましてや投票権をもつ理事もいなかったが、最大の資金提供者であるウイン（WIN）という民間助成団体では、理事がほとんど顔をそろえていたのである。これが、後に「ベンチャーフィランソロピー」とよばれるようになる資金提供者と支援先のパートナーシップである。

いわば、契約タイプの一方通行のフィランソロピーから関係性を重視したフィランソロピーへの移行である。要は資金提供者と被提供者の関係性が成功の鍵を握るということである。理事会に出席していたウインは、1960年代半ばに設立され、これまでの民間財団とは一線を画す存在であった。創業者のセシル・ジャクソン・コールは、実業家で、複数の慈善団体を設立していた。現在では「シリアル・ソーシャルアントレプレナー」とよばれ、複数の社会的事業を立ち上げている。コールは、ビジネスで得た資金、人材、スキルなどのさまざまな

リソースを活用し、社会問題に取り組む革新的な慈善事業を立ち上げ成長させた。1940 年代にはオックスファムの設立に尽力し、その後30 年以上にわたってアクション・エイドやヘルプ・ジ・エイジド（高齢者助成会）など多くの NGO の設立に貢献した。また、1970 年代には、高齢者住宅に関する新しいアイデアを導入した。彼の死後も、ウインが慈善活動を続けられるようにした。ウインはおそらく世界初のベンチャーフィランソロピー・ファンドだったといえるだろう。

　さて、ウインがオポチュニティ・インターナショナルのような新たな非営利組織を支援することを決めるとスタートアップ支援として、立ち上げと成長のための助成金を提供し、準備の整った理事会を組織し、事業計画の支援を行った。また、組織がより早く、持続的に成長するための人的ネットワークを整備し提供した。ウインの役員は、オポチュニティの会計管理者に進捗状況の報告義務を課し、業績と合意した目標に基づいて資金を提供したのである。ウインはその後オポチュニティに対し 7 年間にわたり 100 万ポンド（1 億 5000 万円）の資金を提供した。その後、ウインの助成は、オポチュニティが新たな資金源を得たため、徐々に減少していったが成長発展に欠かせない助走の役割を果たした。現在もオポチュニティは活発に活動している。

　ベンチャーフィランソロピーは、オポチュニティなどの非営利組織のスタートアップ支援を端緒とし、組織の成長を加速させるアクセレーターの役割を果たす存在であった。

　2000 年に、オポチュニティ・インターナショナルを辞し、ウインの常務理事に転身した筆者にとっては、新しいベンチャー企業のシーズを見つけること、革新的なアイデアを有したベンチャー企業を持続可能な企業へ成長発展させることが主な役割となった。ウインは所有するビジネスがベンチャーフィランソロピーのための資金源であった。英国には何百もの寄付型財団があるが、ウインのようなベンチャー支援型モデルを持つ財団はなかった。筆者は創業者のコールと

ウインについて、新聞や雑誌に精力的に記事を執筆した。その甲斐も
あり徐々に他のベンチャーフィランソロピー・ファンドとのつながり
ができてきた。その当時、海外では、米国を筆頭に、ハンガリー、チ
リ、インドなどでベンチャーフィランソロピーの萌芽期を迎えていた。

　さて、フィランソロピー活動や起業を通じて社会問題に取り組む組
織や、その組織にリソースを提供する企業や財団は、急速に進化する
グローバル・エコシステムの一部分を占める。ソーシャルアントレプ
レナー、すなわち社会起業家の意識の高まり、ハイブリッドな組織モ
デル、アントレプレナー・フィランソロピー、市場を仲介する中間支
援事業者などはエコシステムを構成する各要素である。

　アントレプレナー・ソーシャルファイナンスという言葉は、1990
年代のシリコンバレーにおけるベンチャーフィランソロピーの発展
と、2008 年以降のインパクト投資に端を発している。これは、フィ
ランソロピストや社会投資家が、ソーシャルアントレプレナーが有す
るベンチャー的な先取性に注目し、その成長の可能性と革新性に応え
ようとした結果、生まれたファイナンスの手法である。21 世紀に入
り最初の 10 年、ベンチャーフィランソロピーは欧州で定着し、未公
開株式のコミュニティと強く結びつき大きなムーブメントとなっ
た。アジア諸国では、ソーシャルアントレプレナー精神の高まりに加
えて、新たに富裕層となった起業家が出現したこともあり、フィラン
ソロピーのルネッサンスが起きている。

　これらアントレプレナー・ソーシャルファイナンスに関するワーキ
ングペーパーは、シンガポール国立大学ビジネススクールにおいて、
アジアにおける理念型リーダーシップに関して執筆したもので 2012
年から 2017 年にかけて発表した。中身は以下のタイトルで構成され
ている。

1. 「アジアにおけるアントレプレナー・ソーシャルファイナンスの新たなエコシステム」Rob John（2011、2013 改訂）
2. 「アジアにおけるフィランソロピーのイノベーション」Rob John, Pauline Tan and Ken Ito（2013）
3. 「高潔なサークル活動：アジアにおけるフィランソロピーの新たな表現」Rob John（2014）
4. 「インドのエンジェルビジネス：エンジェル投資はアジアのソーシャルカンパニーをどのように支援できるか」Rob John（2015）
5. 「アジアにおける企業フィランソロピー：共通利益のためにビジネスのリソースを活用するイノベーション」Rob John, Audrey Chia and Ken Ito（2017）
6. 「インドにおけるギビングサークルの好循環」Rob John（2017）

2.2　アントレプレナーのためのソーシャルファイナンス入門

2.2.1　ソーシャルファイナンスの種類

　助成金収入に依存するソーシャルカンパニー（社会的目標を達成するためビジネスを行う企業、ソーシャルビジネスともいう）など、アントレプレナー的な性質を持つ社会的目的組織に適した金融モデルを指す、「アントレプレナー・ソーシャルファイナンス」という言葉を紹介してみたい。社会的課題の解決を目指す起業家は、しばしばソーシャルアントレプレナーとよばれる。ソーシャルアントレプレナーは、民間企業の経営と同じように、資本、ネットワーク、ビジネスの

図表 2-1　アントレプレナー・ソーシャルファイナンスの全体像

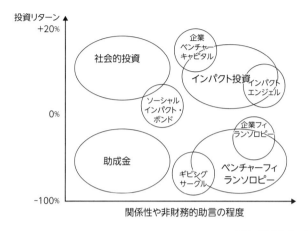

出所：筆者作成、細海訳出。

才覚（商才といって差し支えないだろう）を有して活動している。ア
ントレプレナー・ソーシャルファイナンスは、ベンチャーフィランソ
ロピーやインパクト投資などを含む包括的な表現である。図表 2-1
は、アントレプレナー・ソーシャルファイナンスの領域をおおまかに
示したものである。

2.2.2　グラントメイキング（助成金提供）

　プロのグラントメイキングは、フィランソロピーのなかでもとりわけ
複雑な分野である。一般的に資金提供は寄付とみなされ、通常寄付は
返還を期待しない。つまり投下資金に対するリターンはない。グラント
メイキングは、人道的危機への寄付などのようなリアクティブ（受動的）
な助成から、プロジェクトや地域、組織に資金をどのように提供するか
を検討するプロアクティブ（能動的）な助成までさまざまである。現代
のフィランソロピーは、戦略的に行われており、多くの場合競争資金

獲得のための申請手続きと助成先の提案に関して詳細な評価を行う。財団は入念に助成方針を策定し、明確に定義した領域において活動し、他の助成機関や政府、民間セクターと連携することもある。

2.2.3 社会的投資

社会的責任投資ファンドは、元本の保全や経済的利益を期待して資金を投下し、財務的リターンと社会的利益を融合させるものである。この分野における多くの活動は、社会的責任投資ファンドを通じて行われている。米国だけでも3兆ドル以上が社会的責任投資戦略によってプロアクティブに運用され、運用資産が停滞しているなかで確実に成長を示している（Social Investment Fund Foundation, 2010）。

2.2.4 パッシブ・エンゲージメントとアクティブ・エンゲージメント

フィランソロピーの助成金提供も社会的責任投資も、資金提供を受ける組織との関わり方としては、比較的受動的すなわち密接な協調を行わない。両者とも寄付や投資先の活動、企業の戦略策定、日常業務において、経営陣と協力することはしない。一方でベンチャーフィランソロピーやインパクト投資家が行うアントレプレナー・ソーシャルファイナンスは、ここが大きく異なる。両者の差異は、以下で説明するような直接的な関与があるかどうかである。

ベンチャーフィランソロピーは資金のすべてまたは大部分が返還されないことを許容する傾向があり、インパクト投資家は資金の保全や財務的なリターンを求めるが、どちらもハンズオンすなわち伴走型支援を行い、投資先の経営陣と協力し成果目標を達成するための活動を行う傾向がみられる。

2.2.5　ベンチャーフィランソロピーの源流

　ベンチャーフィランソロピーという用語について、誰もが納得するような明確な定義は存在しない。この言葉自体は、米国の代表的なフィランソロピストであるジョン・D・ロックフェラー 3 世が、1969 年に米国議会の委員会で、社会的事業に資金提供する際に、より「冒険的」なアプローチが必要であると述べたことに由来する。その 30 年後に、ニューエコノミーのフィランソロピストや学者が、米国における伝統的ないわば、一方通行的な寄付の文化を革新させるため、よりアントレプレナーの基盤が必要と予見し、アドベンチャー的フィランソロピーを推進することの重要性を論じた。そしてこの表現を略してベンチャーフィランソロピーとよぶようになったのである。クリスティン・レッツらが 1997 年にハーバード・ビジネス・レビューに発表した論文では、この一連の動きにおいて最初のソートリーダーシップ論（訳者注：特定課題に対し理念を掲げて共感を醸成するアプローチをとるリーダーのこと、理念型リーダーシップ）を展開した(Letts, Ryan, and Grossmann, 1997)。彼らは、財団がベンチャーキャピタルの手法を用いて、社会的目的を持つ組織の基盤、すなわち具体的な施策に対してではなく、その前提ともいえる能力開発のために投資を行うべきと主張したのである。さらに、ポーター＆クラマーは、財団は民間の資金を助成する際に、単に小切手を渡すだけの存在ではなく、助成金提供のプロセスにこそ価値を生み出すと論じている(Porter and Kramer, 1999)。1990 年代後半には、シリコンバレーのドットコム系（インターネット関連のビジネスを手がけるベンチャー企業）の新興富裕層のアントレプレナーらが、ベンチャーフィランソロピーと密接な関係を持ち、助成金活動においてもビジネスで培ったイノベーションを適用しようとした。ポール・ブレイナード（アルダス創業者、現アドビ）はソーシャルベンチャー・パートナーズを

設立し、マリオ・マリノ（テクノロジー企業創業者）はベンチャーフィランソロピー・パートナーズを設立、ジョージ・ロバーツ（プライベートエクイティ投資ファンドKKR共同設立者）はロバーツ・エンタープライズ・デベロップメント・ファンドを通じてソーシャルカンパニーの支援を試みた。また、この時期に設立された助成財団が長期的なインパクトを評価し、ベンチャーフィランソロピーモデルによって事業を再構築した例もある（Bailin, 2003）。米国の多くの実業家や学者は、ベンチャーフィランソロピーという用語に関して、高レベルで関与を深め支援を行うグラントメイキングの実践を指すと定義している（Grossman, 2013）。

2.2.6　ベンチャーフィランソロピーの原動力：ソーシャルアントレプレナー精神

　着実に成長をとげる世界的な現象であるソーシャルアントレプレナーは、過去50年間のフィランソロピーに最も大きな変化をもたらしている。ソーシャルアントレプレナーに率いられるベンチャー企業は、申請プロセスを経て交付されるフィランソロピー財団のプロジェクト支援で資金を賄うという古いパラダイムに挑戦している。新しいパラダイムでは、フィランソロピー財団は、「ソーシャルアントレプレナーのイノベーションに投資することで、どのようにしてミッションを果たすことができるか」を問い続けている。

　寄付から投資への変化、すなわち社会的事業への助成（寄付）から、組織の発展に対する投資へと変化してきている。ソーシャルアントレプレナー精神とソーシャルカンパニーは、時として同義語のようにとらえられることがあるが、一般的に用語が曖昧で一貫性はない。ここではソーシャルアントレプレナー精神とは、「常に挑戦し、変化を楽しみ、リスクを受け入れ、熱意をもって事業に取り組み、その過程で

支援者を獲得しながら社会の変化を求める個人のスピリット」
(Bessant and Tidd, 2007) を採用したい。

　彼らは一般的に、野心家で、使命感があり、情熱的で、衝動的では
なく戦略性を有し、機知に富み、結果を重視する傾向をもつ。そし
て、彼らは、民間企業や政府公共機関など、社会のさまざまなセグメ
ントで活動している。一方で、ソーシャルカンパニーは、従来の民間
企業とフィランソロピー財団がもつ公益性を有するハイブリッドな組
織形態であり、商品やサービスを取引しながら、利益や剰余金を株主
に分配するのではなく、再投資するビジネスモデルを用いて、明確な
社会的インパクトの目標を追求している。ソーシャルアントレプレ
ナーは、自分たちが描くイノベーションを、ソーシャルビジネスを通
じて実現するという選択もできるが、営利事業やフィランソロピー財
団、非営利組織といった形態のなかで実現を目指すこともできよう。

　しかし、アントレプレナー（ソーシャルアントレプレナー）は本質
的に志向を意味しており、定義にこだわって、イデオロギーにとらわ
れてはならない。使命を果たすことが重要であり、組織形態はその手
段にすぎないからである。ソーシャルアントレプレナーの台頭によ
り、フィランソロピー活動に革新の機会がもたらされようとしている。

　もう一度定義しよう。

　彼らの多くは、ビジネスの才覚とフィランソロピー活動を結びつけ
ようとするアントレプレナーである。彼らは世代的に若い人が多く、
キャリアを積みながら慈善活動をしたいと考えており、それも受動的
ではなく、能動的に行いたいと考える。彼らは、従来のチャリティの
有効性に疑問を持ち、インパクトや成果に力点を置く。また、経済的
安定性、個人のモチベーション、社会的責任の本質をより幅広く再評
価し、ボランティアのスキルも活かしながら、フィランソロピーをビ
ジネスで実践する。

　ソーシャルアントレプレナーに対するフィランソロピストの反応

は、おおむね好意的である。エンジェル投資やベンチャーキャピタル
は、アントレプレナーたちに対するコマーシャルセクターの支援者と
みることができるだろう。

　ロナルド・コーヘン卿は、1970年代の米国での経験をもとに、英
国のベンチャーキャピタル協会を立ち上げるきっかけを作った。コー
ヘン卿は、アントレプレナー精神とベンチャーキャピタルの関係を絡
み合う2本のDNAに例えている（Cohen, 2004）。アントレプレナー
がもたらすイノベーションがなければ、ベンチャーキャピタルが存在
する理由はない。ベンチャーキャピタルは、ハンズオン（伴走型支援）
を行いつつ、リスクをともなう資金提供によって企業の成長を支援す
る存在であり、アントレプレナーにとって貴重なリソースである。
ソーシャルアントレプレナーに資金提供と助言を組み合わせて投資す
るフィランソロピーのモデルは、パラレルな関係にあるといえるだろ
う。

2.2.7　ベンチャーフィランソロピーの拡大、欧州からアジアへ

　ベンチャーフィランソロピーに関しては、欧州ではあまり知られて
いなかったが、2000年にオックスフォード大学のファンドレイジン
グ講座において、ドラッカーが議論を始め（Drucker, 2000）、その
2年後に筆者が継続してその議論を引き受けた（John, 2002）。米国
で設立されたベンチャーフィランソロピー・ファンドの非営利組織自
立支援チーム（Nonprofit Enterprises and Self-Sustainability
Team: NESsT）は、1990年代半ばから南米諸国で活動していたが、
その後、中東欧にも活動の拠点を広げていった。NESsTは、非営利
組織が財務的な持続性を高めるために、収益事業の展開を支援するこ
とに重点を置いていた。欧州では、2004年にプライベートエクイ

ティのコミュニティを母体とした欧州ベンチャーフィランソロピー協会（EVPA）が設立されたことが大きなきっかけとなった。EVPA を設立した 5 人の創設者[3]は、いずれも欧州におけるプライベートエクイティのパイオニアであり、投資のプロとしての実践とフィランソロピーとして資金提供する実践とを比較した場合に後者の方が難しいというジレンマを共有していた。彼らが特に懸念していたのは、非営利組織が有する透明性の欠如、持続可能性の課題、成果やインパクト測定の複雑さであり、これらはプライベートエクイティ投資家として本業で直面している課題とも一部で重なるものであった。欧州のプライベートエクイティ・ファームのなかには、ベンチャーフィランソロピー・ファンドを支援するために、フィランソロピー資金の投入や、スタッフのボランティア活動を積極的に推奨するところもある。プライベートエクイティ財団は、世界の主要なプライベートエクイティ・ファームやプロフェッショナル・サービスファーム 28 社によってロンドンで設立され、教育や雇用、職業訓練を受けていない若者を支援するチャリティ団体に助成金とビジネススキルを提供している（Allchorne, 2005）。

　2013 年にはプライベートエクイティ財団と英国の大手ベンチャーフィランソロピー・ファンドであるインペタス・トラストが事業を統合した。これは急成長するベンチャーフィランソロピー分野で合併による市場合理化が行われた最初の事例である。ソーシャルビジネス・トラスト[4]は 2005 年以降、ペルミラが設立を支援した 2 つ目のベンチャーフィランソロピー・ファンドである。ペルミラは欧州最大のプライベートエクイティ・バイアウト・ファンドの 1 つであり、企業設立投資という商業的な活動と、ソーシャルビジネスを支援するフィランソロピーとの間に明確な整合性があると考えている。

　EVPA の設立者のなかには自ら実験的なファンドを立ち上げた者もいた[5]。同協会は、包括的フレームワークにおいて、欧州全体のベ

ンチャーフィランソロピーを推進していった。興味深いことに、米国にはEVPAのような組織はなく、ベンチャーフィランソロピーは急速に発展したが、比較的相互の協調連携がなくバラバラな形で発展していった（John & Emerson, 2015）。欧州におけるベンチャーフィランソロピーの発展の軌跡は米国とは異なり、ネットワーク化が進んでおり、プライベートエクイティ・コミュニティとの強い結びつきが存在し、助成金から株式までさまざまな金融手法を実験的に提供している（John, 2008）。米国や欧州だけではなく、アジア太平洋地域でもアントレプレナー・フィランソロピーは今後数年の間に急速に発展すると考えられ、そのスタイルと軌道は3つの相互関連する要因に影響するものと考えられる（John, Tan and Ito, 2013）。

- アジアにおいて、特に新興富裕層の急速かつ持続的な富の創出
- フィランソロピー、社会的投資、ソーシャルアントレプレナーのグローバル化
- 新世代のアントレプレナー・フィランソロピーの萌芽

　アジアにおける急速な富の拡大とフィランソロピーのグローバル化は、新世代のフィランソロピーを育む環境を提供している。新興富裕層は、おそらく彼ら自身がアントレプレナーやビジネスビルダー（事業者）であり、自然とアントレプレナーへの資金提供に共感を覚えるのだろう。また、事業承継によって経営者になった者は、家業の伝統を尊重しつつ、今日のソーシャルアントレプレナーに対して課題に沿った資金提供のあり方を模索している。アジアで富を築いたアントレプレナーは、彼ら自身の寄付がどのようなインパクトを与えるか、アントレプレナー精神に沿うか、彼ら自身のスキルやネットワークを活用できるか、そしてソーシャルアントレプレナーを支援する新たな機会にどのように結びつけられるか、といったことを新たな視点とし

て考えている。アジアベンチャーフィランソロピー・ネットワーク（AVPN）は、欧州における先行事例を活かしながら、アジアのベンチャーフィランソロピーを積極的に推進し、助成金提供者、インパクト投資家、ソーシャルファイナンス仲介者らをつなぐネットワークとなっている[6]。

　アジアで成功しつつあるベンチャーフィランソロピーのモデルには、企業フィランソロピーとギビングサークルがある。企業フィランソロピーとは、ソーシャルカンパニーがインパクト投資家からの投資を受けられるようにすることを目的としている。また、ギビングサークルは個人の比較的少額の寄付とボランティアの活動や時間をプールすることを目的としている。これは次節で説明しよう。

　ベンチャーフィランソロピーのケーススタディ（第4章）では、香港の資産運用会社の企業フィランソロピー、ADMキャピタル財団を紹介している。

2.2.8　ギビングサークル

　ギビングサークルがアジアのフィランソロピー分野における重要なイノベーションになることを検証した研究がある（John, 2014, 2017）。ギビングサークルは、友人知人たちを中心としたグループで構成され、寄付金をプールし、助成金やグループメンバーのボランティアの時間を使ってどの非営利組織を支援するかを決定する。この点で、いくつかのギビングサークルは、メンバーが資金提供や助言、サポートを行うマイクロ・ベンチャーフィランソロピー・ファンドに似た形態といえる。筆者の調査では、アジア10カ国で66のギビングサークルの存在が確認された。欧米の既存のサークルと関連しているものもあれば、現地で始まったものもある。日本初のギビングサークルSVP 東京は、ボランティア活動に関心のある若手実業家のネッ

トワークから 2003 年に設立されたもので、第 4 章で詳細を述べたい。日本では企業ベースのギビングサークルがあり、企業フィランソロピーが支援するソーシャルカンパニーに社員が有するスキルをボランティアとして提供しているケースがある。

2.2.9　企業フィランソロピー

ソーシャルカンパニーは、商品やサービスを売買し、その収益をもって社会的価値を生み出している。フィランソロピー財団とは異なり、ソーシャルカンパニーは事業収益を得ており、一般ビジネスと同じように利益を上げているものもある。また、事業活動を行い、社会的使命を実現するために発生するコストを吸収するために、ある程度の助成金や現物支援、支給を必要とするものもある。どのようなモデルのソーシャルカンパニーであっても、創業段階ではほぼすべての企業が助成金などのいわゆるソフトファイナンスを必要としている。実際、すべてのビジネスは、創業期において事業を成長させるため各種資金（友人、家族親類からの借金、企業支援、減税措置なども含めて）を利用している。初期段階で一定程度成功した場合でも、さらにエンジェル投資家らにとって魅力的な存在になるため、または官公庁が提供する事業成長促進プログラムから資金提供を受けるためには継続的な成長が必要となる。一般企業が資金調達の課題に直面していることと同じように、ソーシャルカンパニーも成長のための資金を得るため、一定規模の投資を見つけることに苦労している。

モニター・インスティテュート（Koh, Karanchandaria and Katz, 2012）は、「ささやかな利益やスケールアップまでの期間、また高いリスクは、インパクト投資家にとって厳しい障壁である」と論じており、インパクト投資ファンドにとって投資可能な企業団体は非常に少ない。しかし、グラントメイキングは、投資家が実行できない方法で

触媒的役割を果たす手段と意欲を持っている。フィランソロピーを戦略的に活用し、高いポテンシャルを持つソーシャルカンパニーを初期段階で支援することを企業フィランソロピーとよぶ。

　DBS 銀行は、東南アジアのソーシャルカンパニーを支援するために、非常に焦点を絞ったアプローチを展開している。本業の銀行融資やビジネスプランコンテスト、ソーシャルカンパニーが投資家にとって魅力的存在になることを目的とした段階的な助成プログラムなど、ケーススタディを紹介しよう（第 4 章参照）。

2.2.10　インパクト投資の起源と広がり

　インパクト投資という言葉が初めて生まれたのは 2008 年のことである (Bugg-Levine & Emerson, 2011)。その盛り上がりは急速で、世界的な潮流となり、また十分なリソースが投入されている。にもかかわらず、この用語は概念的に明確に統一された定義がない (Höchstädter & Scheck, 2014)。伝統的なフィランソロピーは資金の流れが一方的である。一方インパクト投資は、持続可能なビジネスモデルを持つソーシャルカンパニーに投資することで社会的価値を創造し、目標が達成された場合には投下した資金を留保し、さらに別のソーシャルカンパニーに投資する。インパクト投資はフィランソロピー活動の目的とともに財務的意思決定プロセスを組み合わせたものであり、リターンは新たなソーシャルカンパニーに再投資され、社会貢献型投資の好循環を生み出している。この新たな投資スタイルであるインパクト投資は、1968 年にフォード財団が導入した「プログラム関連投資」に端を発している。これは、米国政府が慈善目的を達成する可能性のある準営利事業者を支援するために、財団の資金を投資することを認めたものである。2009 年には、JP モルガン、ロックフェラー財団、米国国際開発局（USAID）がインパクト投資の提唱

者としてグローバルインパクト投資ネットワーク（GIIN）を立ち上げた。また同年、モニター・インスティテュートは、社会的・環境的インパクトをともなう投資に関するレポートを発表した（Monitor Institute, 2009）。その後3年間で、インパクト投資市場の大きな可能性を予測するいくつかの定量的な分析が行われた。2011年にJPモルガンとGIINが発表したレポートでは、2012年に40億ドル、そしてその後10年間で最大1兆ドルのインパクト投資の可能性があると推定した。2011年、アドバンテージ・ベンチャーズは、2020年までの10年間で、アジアだけで740億ドル程度のインパクト投資の潜在的な需要があると推定した。同社は、ロサンゼルスに拠点を置き、初期の段階に投資を行うベンチャーキャピタルファンドである。ベンチャーフィランソロピーは、インパクト投資家にとって、より強力な事業基盤を構築するために投資を行う際に、ビジネスのエッセンスを組み合わせる新たな機会を切り開いたものといえよう。インパクト投資は、社会的事業に投資することで、資金を回収し、さらに強化するビジネスライクなフィランソロピーの手法を提供したが、一方でインパクト投資の隆盛には常に批判的な意見もある。市場機会を説明する際に用いられる数字の規模は、産業開発やインフラ、クリーンテクノロジーなどニューエコノミー分野のために誇張されすぎているというのである。アキュメン・ファンドとモニター・インスティテュートの研究者らは、インパクト投資の資金のうち、最貧層へのサービス提供を目的とした革新的なソーシャルカンパニーに流れているのはごく一部であることを指摘し、大きな歪みを生んでいると語り、本来救済されるべき対象に資金が投じられていないことに警鐘を鳴らしている。アジアの研究者らは、アジアのインパクト投資の真のボトルネックは、ソーシャルカンパニーがインパクト投資を受け入れるために必要な初期段階のフィランソロピー資金の提供や支援、助言を受けるサービスが不足していることを指摘する。

　図表 2-2 は、社会的リターンと財務的リターンの融合に関する投資家の選好を示したものである。社会的インパクトを優先して考える投資家は、社会的または環境的なインパクトを最適化し、財務的なリターンは最低限でよいとしている。これらの投資家は、主に社会や環境に良好な影響を与えることを目的とし、必要であれば財務的リターンを放棄することもいとわない。彼らは、投資収益率 +5％ から-15％を受け入れる。一方で財務的リターンを優先して考える投資家は、社会や環境への影響を考慮したうえで、リターンの最適化を目指す投資家である。彼らは典型的な商業投資家であり、投資収益率が+5％から +10％で、社会や環境に何らかの利益を達成しながら、そのリターンを提供する事業者を探している。EVPA は、投資家による社会的インパクト戦略を、インパクト目的投資家と、インパクト併存投資家の 2 種類に分類している（EVPA, 2018）。インパクト目的投資家は、新たなリスクのある取り組みに投資することをいとわな

図表 2-2　フィランソロピーとインパクト投資のリスクとリターン

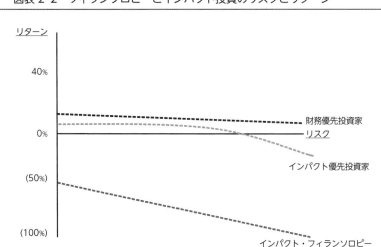

出所：Venturesome working papers (2008, 2010), Monitor Institute (2009)
Investing for Social and Environmental Impact.　細海訳出。

い。彼らは通常、少額の投資を行い、綿密な非財務的支援を行う。イ
ンパクト併存投資家は、財務的リターンを考慮しつつ慎重に投資判断
を見定める傾向にある。

　インパクト投資の「メインストリーム化」の好事例として、シンガ
ポールの政府系ファンドの1つであるテマセクが2019年に、同社
のフィランソロピー部門であるテマセク・トラストの傘下に、インパ
クト投資専門の事業部門を立ち上げることを決定した。「ABCワール
ド・アジア」と名付けられたこのファンドは、米国とシンガポールの
ベンチャーキャピタルであるパビリオン・キャピタルとのパートナー
シップにより、南アジア、東南アジア、中国を対象に、ICTを活用
し社会や環境に測定可能なインパクトを与え、かつポジティブな投資
収益率を実現する可能性のある企業を主な対象とする。ABCワール
ド・アジアは、主に、金融とデジタル包摂、より良い健康と教育、気
候変動や水問題の解決、持続可能な食と農業、スマートシティ計画な
どの分野でインパクトを与える企業に投資をしている。

　本章では、ソーシャルアントレプレナーの起業に特に有効なインパ
クト投資のバリエーションを提案する。初期段階のアントレプレナー
にはエンジェル投資、後期段階の成長には企業ベンチャーキャピタル
が、アジアのソーシャルカンパニーにとっての資金源として有効であ
る。

2.2.11 エンジェル投資によるインパクト

　エンジェル投資家は、財務的リターンを目的として、資金と時間の
両方を初期段階の企業に投資し、単独、あるいはエンジェルグループ
やネットワーク化したシンジケートとして活動している。エンジェル
投資家は一般的に富裕層で、その多くはアントレプレナーとして成功
し、企業の立ち上げや成長に関して直接的な知識を持ち、自身のビジ

ネスセンスや経験を活用しながらアントレプレナーを育成している。アントレプレナーのソーシャルファイナンスに関する研究では、ビジネス・エンジェルの投資モデルがアジアのソーシャルカンパニーの支援に活用されていることを紹介している（John, 2015）。これら「インパクトエンジェル」とよばれる存在は、個人、あるいはエンジェルネットワークを通じてグループで投資を行い、小規模なソーシャルビジネスに専門知識と資金を提供し、スケールアップを促し、インパクト投資ファンドにとって魅力的な企業になるように育成している。

　また、インパクトエンジェル・ネットワーク（独立系または傘下組織）や、個人のエンジェルが単独で、あるいは他の組織と特定の目的をもって連携し投資を行っているパターンもみられる。台湾のリビングウォーター・ソーシャルベンチャーズ（活水社企開発）は、ソーシャルアントレプレナーとインパクト投資家を結びつけること（エンジェルネットワークという）に成功した。第4章で紹介する。

2.2.12　企業ベンチャーキャピタルによるインパクト

　企業ベンチャーキャピタル（CVC）とは、企業が外部の独立した主に未上場のベンチャー企業に対して出資や支援を行う組織を指し、通常は新規の案件で、創業初期段階にある企業を対象にする。ベンチャー企業が一定程度成功し、株式公開した場合にその株式を売却したり、完全に買収したりすることで、大きな財務的リターンを得ることを目指す。ソーシャルビジネスでは、直接的に商業ベースのビジネス志向で経営している企業形態はレアケースである。このようなソーシャルビジネスに対して、ベンチャーキャピタルのモデルを用いて行う直接投資は、社会的価値を生み出す機会を提供する。アントレプレナー・ソーシャルファイナンスの事例研究において、CVCによる直接投資の可能性を探索しており、インドのヘルスケア関連のソーシャ

ルカンパニーであるクリアビューのケーススタディでは、イタリア企業による出資が、双方に商業的・社会的インパクトをもたらしたことが示されている。第4章で紹介する。

2.2.13 ビジネスプロセス・アウトソーシング（BPO）

前項の CVC と企業フィランソロピーでは、ソーシャルカンパニーとの間で投資家との関係性に違いがあることがみられた。企業や財団がソーシャルカンパニーに資金提供し、純粋に社会的リターンのみを求めるフィランソロピーと、社会的リターンと財務的リターンを融合させるインパクト志向のベンチャーキャピタルが存在する。また、企業がソーシャルカンパニーから商品やサービスを購入することで商取引を通して支援を行うという関係性もある。これは、ソーシャルカンパニーが企業を相手に取引する際、一般企業とオープンに競争する可能性を開くものである。外部から商品やサービスなどを調達しているサプライチェーン・マネージャーにとって、ソーシャルカンパニーをサプライヤーとして検討するインセンティブはほとんど存在しない。ソーシャルカンパニーは、当然ながら既存企業のような実績も知名度もなく、リスクは高く信頼性は低いとみなされる可能性が高い。しかし、企業の社会的責任（CSR）を推進するなどソーシャルカンパニーに関心を有する企業にとっては、顧客関係を築くことができる可能性がある。

図表 2-3 は、ベンチャーフィランソロピーの多様性を投資の優先順位、財務・非財務ツール、インパクト、出口戦略、情報開示の観点からマトリックスしたものである。

図表 2-3　ベンチャーフィランソロピーの選択のマトリックス

投資先の種類	非営利、フィランソロピー事業（助成金や公的資金による収入に依存）	補助金付き社会事業（助成金・資本助成金、利益剰余金は事業再投資）	補助金なしの社会事業（補助金はほとんどなく、利益剰余金を再投資し、エクイティ投資家へのリターンに上限を設定）	ソーシャルビジネス（社会的インパクトを与える商取引モデル、利益剰余金は投資家やオーナーに分配）
投資先のステージ	アントレプレナー支援（ソーシャルアントレプレナーのための個人的な財務およびコーチングサポート）	創業段階、初期段階	成長、スケールアップ	国際的スケールアップ、M&A
投資部門	絞り込んだ対象（ヘルスケア、社会的排除、教育、環境など単一課題）	幅広い焦点（マルチセクター、多様なポートフォリオ）	コンベアー方式（各分野のアクターが協力し集まる）	
金融ツール	助成金（ほとんど返還はない、成果に基づく資金償還）	ローン、アンダーライティング、中長期資金	準エクイティ、収益参加の可能性	エクイティ
投資家への還元	社会的インパクトのみ、リターンなし	高リスクで、資本維持や再投資を求める	社会性優先のインパクト投資家（-15%から+5%）	財務性優先のインパクト投資家（+5%から+10%）
非財務支援	フロントローディングすなわち、投資実行前の事業計画における各種支援	投資期間中の継続的支援	社内サポート（スタッフ、役員、アソシエイト、パートナーシップ）	外部コンサルタントによる業務委託支援
エンゲージメントの深度	経営陣との月次連絡	経営陣との週次連絡	役員会参加またはオブザーバー参加	
出口戦略	明確な出口戦略はない、合意された期間後に離脱	合意された支援パッケージと強制離脱	株式売却やIPOなどのベンチャーキャピタルタイプの出口戦略	
地理的範囲	コミュニティ内	全国	地域	グローバル
成果とインパクト	ポートフォリオ組織およびファンドの成果指標（バランスト・スコアカードなど）	ソーシャル・インパクト・メトリクス（社会的投資収益率：SROIなど）		
情報開示	ファンドは内部の運営と投資に関する情報公開を行う	ファンドによる投資に関する詳細の公表	情報開示少、またはない	

出所：筆者作成、細海訳出。

Q & A　質疑応答

Q： 途上国の貧困層の基本ニーズに対応しながら財務的リターンを得ること、市場の失敗を克服するための助成金の必要性については倫理的な面で容認されるものでしょうか。フィランソロピーの美名のもとに行われるインパクト投資という点に違和感を覚えますが、いかがでしょうか。

A： ソーシャルファイナンスには複雑さがともなうため長年にわたって助成金を提供する財団から批判の声が上がっていることは留意すべき事柄です。インパクト投資は、社会的インパクト優先か財務的リターン優先かという誤った二項対立を生み出す可能性が示唆されています。これは、フィランソロピー投資かインパクト投資かという問題ではなく、組織の規模や発展段階に応じて、健全性があり、かつ効果的な金融商品であることが重要なのです。倫理的な側面が欠落しますと、共感を得られない、それは持続性を担保できない可能性を有します。質問の回答として、貧困層の基本ニーズに改善がみられる取り組みであれば進めていく意義があると考えます。次の章では、ベンチャーフィランソロピーとインパクト投資の原理をより詳細に見ていくことにしましょう。

※第2、3、4章は、シンガポール国立大学ビジネススクールのアジア・ソーシャルアントレプレナーシップ＆フィランソロピーセンターによるアントレプレナー向けソーシャルファイナンスに関する一連のワーキングペーパーとして2012年に初版が出版され、翌13年2月に更新された。また、2021年に日本語への翻訳のためにさらに改訂され、後に執筆したシリーズの論文の資料も含む。通貨は特に明記されていない限り、米ドルで表示される。

［注］

1　未公開株は、非上場のため証券取引所を通じて売買はできない。なお、譲渡価格など条件面で合意すれば、当事者間で売買することは可能である。

2　このシリーズでは、北アジア（中国、韓国、日本）、ASEAN（シンガポール、マレーシア、タイ、ベトナム、フィリピン、カンボジア）、南アジア（インド、バングラデシュ、パキスタンを含む）、オセアニア（オーストラリア、ニュージーランド）を対象とする。

3　筆者は 2004 年から 2009 年まで EVPA の事務総長を務めた。

4　www.socialbusinesstrust.org 参照。

5　英国のインペタス・トラストとイタリアのオルトレ・ベンチャーズ。

6　筆者は AVPN の共同設立者として、2012 年まで運営に関与した。

参考文献 ···

Allchorne, T. (2005). *The Rise of Venture Philanthropy*. London. Private Equity International.

Bailin, M.A. (2003). Requestioning, Reimagining, and Retooling Philanthropy. *Nonprofit and Voluntary Sector Quarterly, 32: 635*, DOI: 10.1177/0899764003257464.

Bessant, J., and Tidd, J. (2011). *Innovation and Entrepreneurship*, 2nd Ed. John Wiley. U.K.

Bugg-Levine, A. & Emerson, J. (2011). *Impact Investing*. San Francisco. Jossey-Bass.

Cohen, R. (2004). The Double Helix: entrepreneurship and private equity. *The SJ Berwin Oxford Business Alumni Lecture, 15th June 2004*, London, UK.

Drucker, H. (2000). *Wanted: UK Venture Philanthropists*. Oxford. Oxford Philanthropic.

EVPA (2018). Investing for Impact: EVPA Strategy Paper. EVPA: Brussels.

Grossman, A., Appleby, S., & Reimers, C. (2013). Venture Philanthropy: Its Evolution and Its Future. Harvard Business School, Cambridge, MA, US. N9-313-111.

Höchstädter, A. K., Scheck, B. (2014). What's in a Name: An Analysis of Impact Investing Understandings by Academics and Practitioners. J. Bus.

Ethics. Springer. Published online 26 August 2014.

John, R. (2002). Social Venture Capital; an idea whose time has come. *Alliance Magazine*. London. Alliance Magazine.

John, R. (2008). Venture Philanthropy takes off in Europe. *In Die Stiftung*, Berlin. BDS.

John, R., Tan, P., & Ito, K. (2013). Innovation in Asian Philanthropy. *Entrepreneurial Social Finance Working Paper*, No. 2, NUS Business School, Singapore.

John, R. & Emerson, J. (2015). Venture Philanthropy: Development, evolution, and scaling around the world, in Social Finance, edited by Nicholls, A., Paton., & Emerson, J. Oxford University Press: Oxford, UK.

John, R., (2014). Virtuous Circles: New expressions of collective philanthropy in Asia. *Entrepreneurial Social Finance Working Paper*, No. 3, NUS Business School, Singapore.

John, R., (2015). Asia's Impact Angels: How business angel investment can support social enterprises in Asia. *Entrepreneurial Social Finance Working Paper*, No. 4, NUS Business School, Singapore.

John, R. (2017). Circles of Influence: The impact of giving circles in Asia. *Entrepreneurial Social Finance Working Paper*, No. 6, NUS Business School, Singapore.

Koh, H., Karanchandaria, A. and Katz, R. (2012). From Blueprint to Scale: The Case for Philanthropy in Impact Investing. *Monitor Inclusive Markets*, Mumbai.

Letts, C., Ryan, W., and Grossmann, A. (1997). 'Virtuous capital: what foundations can learn from venture capital', Harvard Business Review, HBR 97207.

Monitor Institute (2009). *Investing for Social and Environmental Impact*, available at www.monitorinstitute.com/impactinvesting.

Porter, M., and Kramer, M. (1999). 'Philanthropy's New Agenda: creating value', Harvard Business Review , HBR 99610.

Social Investment Fund Foundation (2010). The 2010 Report on Trends in Socially Responsible Investing in the United States. *Social Investment Forum*, Washington DC, US.

第**3**章

アントレプレナー・ソーシャル
ファイナンスの特性

　ベンチャーフィランソロピーやインパクト投資を含むアントレプレ
ナー向けのソーシャルファイナンスは単一モデルではない。ベン
チャーフィランソロピーを説明する際に、ソーシャルベンチャー・パー
トナーズや非営利組織自立支援チーム（Nonprofit Enterprise and
Self-Sustainability Team: NESsT）、欧州ベンチャーフィランソロ
ピー協会（EVPA）などの先駆的な組織は、基本的な原則を堅持しつ
つ、ファンドの嗜好や事業環境に応じた柔軟な運用を実行している。
これらの原則は、ベンチャーフィランソロピーやアクティブ・インパク
ト投資に広く適用されている（John, 2010）。

3.1 投資に至るプロセス

3.1.1 投資としての資金提供

アントレプレナー向けソーシャルファイナンスの資金提供者は、ソーシャルカンパニーの経営改善を支援することで社会的インパクトを与えることができるものと考えている。彼らは、通常3年から5年続くビジネスの揺籃期から安定期までの移行期間中の資金提供をコミットする。重要なことは、受益者に代わってサービスを購入する（顧客になる）のではなく、組織の発展のための投資として資金提供を行うことである。資金提供を投資とみなすことで、投資家と被投資家の関係が生まれ、共通の目標がより明確になり、説明責任が共有され、真のパートナーシップを構築することができるのである。

3.1.2 キャパシティビルディング（能力構築）とインフラ構築

初期段階の非営利組織やソーシャルカンパニーは、経営管理システムが未熟であったり、人材育成のためのリソースが少なかったりと能力不足の状態で運営されている例が散見される。アントレプレナー向けソーシャルファイナンスの資金提供者は、より強力で持続可能な組織を構築するための支援に重点を置いている。また、直接的なプロジェクトへの費用ではなく、給与、基幹システム、経営基盤等のインフラ構築に資金投入することを期待している。このような能力構築支援のための投資は、組織がより強固になることで、より大きな社会的価値を提供できる基盤となるように相互に合意した計画に基づいて行われる。

3.1.3　成果へのこだわり

アントレプレナー向けソーシャルファイナンスの資金提供者は、支援する組織が資金提供を受けることで、組織改革が実行されその結果、真の社会的インパクトが生み出される成果に関心を有している。そして、組織が創出する社会的インパクトをすべての利害関係者に効果的に発信することを支援する。合意された戦略計画、体系的な報告書、マイルストーンベース（ゴールまでの中間目標）の資金提供を通じて、組織の運営実績と創出された社会的インパクトに責任を負うのである。

3.1.4　積極的かつ集中的な関係

アントレプレナー向けソーシャルファイナンスの資金提供者は、通常、一度に投資する企業数を絞り込み、投資先とより深い関係を構築することを好む傾向がある。この特徴は、ベンチャーフィランソロピーやインパクト投資の核心をなすものであり、おそらく従来の資金提供モデルと最も異なる点であろう。彼らは資金提供だけでなく、可能な限り付加価値を提供することにも注力している。ガバナンスや戦略立案において付加価値を創出する目的で、役員を派遣することや役員会にオブザーバーとして出席することもみられる。

3.1.5　人とリーダーシップへの投資

成長期にある組織には、卓越したリーダーシップが不可欠である。しかし、多くの伝統的な資金提供者は、プロジェクトが提案するメリットや組織の評判に沿って資金を提供する傾向がある。一方でベンチャーキャピタルやプライベートエクイティ・ファームがアントレプ

レナーや経営陣の能力を重視するのと同様に、ベンチャーフィランソロピーはソーシャルアントレプレナーや非営利組織のリーダー、チームの資質を重視して投資を行う傾向がある。すなわち人とリーダーシップへの投資である。

3.1.6　ベンチャーフィランソロピー／インパクト投資ファンドの投資対象

　ベンチャーフィランソロピーやインパクト投資家は、アントレプレナー精神があり、革新的な製品やサービスを開発し、持続可能なビジネスモデルによって社会的インパクトを拡大する可能性のある組織に投資対象を絞っている。ベンチャーフィランソロピーやインパクト投資ファンドの投資方針や運営原則は、EVPA による包括的なハウツー・ガイド（Balbo, Hehenberger, Mortell & Oostlander, 2010）に記載されており、ファンドの設立を希望する企業や団体には図表 3-1 にあるような投資プロセスを案内している。

図表 3-1　ベンチャーフィランソロピーの投資プロセス

出所：筆者作成、細海訳出。

3.1.7　ディールフロー（投資機会または取引の流れ）

　プライベートエクイティ・ファームと同様に、アントレプレナー・ソーシャルファイナンスは、既存の助成財団が企業からの申請を待つ受け身の姿勢ではなく、積極的に案件を探す傾向がある。案件のパイプライン（候補者リスト）は通常、ファンドのフィランソロピーネットワークや、他のベンチャーフィランソロピー・ファンドからの紹介によって確保される。

3.1.8　投資評価・査定

　通常、第 1 次審査、詳細審査（デューデリジェンス）、審査を通過した投資先への投資提案という 3 段階の絞り込みのプロセスで行われる。詳細審査には数カ月を要し、第三者のコンサルティングファームによる信頼性の高いビジネスプランの構築、社会的インパクトの目標の定義、経営陣や役員の人物評価、ファンドによる財務的・非財務的貢献度の評価などが検討される。

3.1.9　ポートフォリオ管理

　組織の経営陣との日常的な関係性は、民間財団や法定機関による伝統的な資金提供とは異なる。運用資金マネージャーは、3 社ないし 4 社の投資先に責任を持ち、各社の経営進捗状況をリアルタイムで把握する。オックスフォード大学サイード・ビジネススクール社会起業研究センター（スコールセンター）の調査では、調査対象となったアントレプレナーの半数近くが、運用資金マネージャーと毎月連絡を交わしていると回答しており、そのうちの 3 分の 1 は週に数回という高い頻度で連絡をとっている（John, 2007）。また、運用資金マネー

ジャーは、投資提案書で組織と合意したとおり、非財務の助言、コンサルティングなどを行う。マネージャーが社内で提供できないサービスは、ボランティアやプロボノの戦略的パートナー（プロフェッショナル・サービスファームなど）、または有償のコンサルタントにアウトソーシングされる。スコールセンターが34のベンチャーフィランソロピー・ファンドを対象に実施した調査から抜粋した資料（図表3-2）は、提供される非財務サービスの種類とその提供チャネルを示している。この調査では、ベンチャーフィランソロピー・ファンドの76％が取締役会に参加するオプションを有していた。プライベートエクイティやエンジェル投資では当たり前のことだが、民間財団による非営利組織への資金提供では、非常に珍しいものといえる。

　ポートフォリオ管理の重要な要素は、事業計画で合意したマイルストーン（ゴールまでの中間目標）に対する組織のパフォーマンスと、創出される社会的インパクトを測定することである。

　社会的価値創造の測定はまだ実験段階にあり、しかも複雑で定量的・定性的な測定基準は社会的投資収益率（Social Return on Investment: SROI）の方法論に基づいていることが多い[1]。もともと営利企業向けに開発されたバランスト・スコアカードというパフォーマンス測定ツールは、非営利組織にも適用されており、いくつかのベンチャーフィランソロピー・ファンドでも使用されている[2]。サンタクララ大学の研究では、インパクト投資における資本総計に関して調査している（Kohler, Kreiner & Sawhney, 2011）。この調査は、伝統的なベンチャーキャピタルモデルとの興味深い比較を行っている。インパクト投資家による能力開発組織（CDOs）の利用は未だ少なく、調査対象となったサンプルでは17％にとどまっている。

図表 3-2　ベンチャーフィランソロピーにおける非財務サービスと
　　　　　　　デリバリー・メカニズム

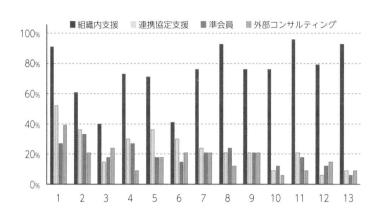

	1	2	3	4	5	6	7
提供メニュー	戦略立案	マーコム	ICT 関連	資金戦略	財務・会計	法律相談	人材管理
組織内支援	91%	61%	40%	73%	71%	41%	76%
連携協定支援	52%	36%	15%	30%	36%	30%	24%
準会員	27%	33%	18%	27%	18%	15%	21%
外部コンサルティング	39%	21%	24%	9%	18%	21%	21%

	8	9	10	11	12	13
提供メニュー	ガバナンス	経営陣刷新	特命事項例:合併	ネットワーキング	不動産関連	その他
組織内支援	93%	76%	76%	96%	79%	93%
連携協定支援	21%	21%	9%	21%	6%	9%
準会員	24%	21%	12%	18%	12%	6%
外部コンサルティング	12%	21%	6%	9%	15%	9%

出所：John, *Beyond the Cheque: How Venture philanthropists Add Value*
　　　Skoll Centre for Social Entrepreneurship,
　　　Oxford, 2007 より筆者作成、細海訳出。

図表 3-3　アントレプレナー向けソーシャルファイナンスの類型

	フィランソロピー		
	受動的	戦略的	ベンチャー
資金提供方法	助成金	助成金、債務	助成、債務、準株式
財務リターン期待	-100%	-100%〜-90%	-100%〜-80%
社会的リターン期待	●●●	●●●	●●●
契約のレベル	●○○	●●○	●●●
顧客層	チャリティ	チャリティ、ソーシャルカンパニー	アントレプレナー・チャリティ、ソーシャルカンパニー

3.1.10 エグジット（出口戦略）

　ベンチャーフィランソロピーの投資期間は、事前に投資先と協議されるが、ベンチャーキャピタルモデルで一般的な IPO や株式売却などの出口戦略が発生する可能性は低い。両者は複数年の事業計画を立てパートナーシップを構築し、ファンドからの資金提供は通常、業績に応じて行われ、相互依存関係を回避するために規模を小さくすることが多い。ベンチャーフィランソロピーの前提は、より強くより回復力のある組織構築を支援することであり、投資先企業にとってはベンチャーフィランソロピー・ファンドの支援から計画的かつ段階的に資金支援の撤収を乗り切ることが求められる。

　投資により、資金調達や収入源が改善され、組織が次の成長や発展のレベルに上がることが可能な財務状態になっている必要がある。エグジット（出口戦略）など商業的な投資用語を使うことで、ソーシャルファイナンスの提供者の注目を集めることができるが、投資家に誤

インパクト投資		商業投資		
会的リターン優先	財務的リターン優先	社会的責任投資	パブリックエクイティ	プライベートエクイティ
ェクイティ、債務	エクイティ、債務	エクイティ、債権	エクイティ	エクイティ
-15%～+5%	+5%～+10%	変動	変動	変動
●●●	●●○	●●○	○○○	○○○
●●●	●●●	●○○	●○○	●●●
ソーシャルカンパニー	ソーシャルカンパニー、民間企業による社会貢献事業	民間企業による社会的、環境的インパクト事業	営利事業	営利事業

出所：筆者作成、細海訳出。

解を与えないように注意して使用する必要がある。株式購入をともなうインパクト投資では、発行済みの株式を投資家間（インパクト投資家や一般投資家）で売買するセカンダリー投資という形での出口戦略も可能である。

　ベンチャーフィランソロピーは米国で生まれ、アントレプレナー精神を持った非営利組織を支援するために、投資を意識したスマートな助成金の形態として考えられてきた。2002 年にモリノ・インスティテュートが行った初期調査では、リターンをともなわない助成金が規範的な財政手段であると規定しており、代替手段についてはほとんど触れられていない。2007 年までに、欧州では、かなりの割合のファンドが、ローン（65％）や株式購入による資金提供（71％）を中心としている一方で、必要に応じて助成金も提供している (John, 2007)。

　図表 3-3 は、ベンチャーフィランソロピー・ファンドが関心を持つ組織のタイプを示したものである。

　フィランソロピー財団や非営利組織から商業的なソーシャルビジネ

スまでさまざまなタイプがある。ハイブリッド型ソーシャルビジネス
は、社会事業モデルとして持続可能性が高いことから、多くの投資家
にとって特に魅力的である。ベンチャーフィランソロピーはここ最近
発展してきたが、いまなお明確な境界線はなく、ベンチャーフィラン
ソロピーを自称するファンドの多くは、インパクトオンリー（非営利
組織への積極的な助成活動）からインパクト優先（さまざまな金融商
品を活用しハイブリッド型ソーシャルカンパニーへ積極的な投資を行
う助成活動）の領域で事業を展開していることが分かる。

3.2　メインアクター

　アントレプレナー向けのソーシャルファイナンスのモデルは、広範
な社会的エコシステム、言い換えれば、業種や業界の垣根を越え、共
に成長するために産官学金融などさまざまな主体が相互に結びつく仕
組みが重要である。チェンは、ソーシャルセクターの主要なアクター
である能力構築支援者（キャパシティビルダー）、社会目的の事業体、
受益者らが、政府や規制当局、コミュニティ、メディアと相互に関与
しながら、必要な資源、サポート、モニターを総合的に提供するとい
う共生関係を探るため、「ソーシャル・エコシステム」という分析フ
レームワークが有効であると述べている（Cheng, 2010）。資本市場
の表現を使えば、主要な要素は、需要、供給、仲介であり、それらは
政府による規制や政策環境のなかで機能するものである。エマーソン
＆スピッツァーは、メインストリームの金融資本市場を参照しつつ、
ソーシャルキャピタル市場で使用される用語と構造を整理し、定義を
明確にしている（Emerson & Spitzer, 2007）。

3.2.1　金融資本の供給

ソーシャルキャピタル市場の供給サイドは、助成金や投資機会のための財源を有している事業者であり、エコシステムにおいてアントレプレナー・ソーシャルファイナンスの事業者は、資金と方法論を持ち合わせている。彼らは、助成金、融資、準株式で非営利組織を支援するグラントメーカーであったり、積極的にインパクト投資家やエンジェル（インパクトまたはファイナンスを優先し、株式購入や融資で社会的事業に投資する団体）であったりするが、いずれも非財務的支援を実行することで付加価値を高めている。さらに、企業ベンチャーキャピタル（CVC）やビジネスプロセス・アウトソーシングも導入しながら、ソーシャルカンパニーの発展を支援するモデルを活用する。

　共同出資者は追加資金を提供するが、主要なベンチャーフィランソロピー・ファンドと比較するとやや受動的な役割を担う。共同出資者には民間の財団や個人投資家、政府機関などの資金提供者がいる。資金提供者は、ブリッジング・ローン（つなぎ融資）やアンダーライター（有価証券の引き受け等を行う）などを担うことがある。

3.2.2　資本需要

ソーシャルキャピタル市場の需要サイドは、投資資金や事業支援のサービスを求める。非営利組織やフィランソロピー財団、ソーシャルカンパニー（利益再分配タイプ）、営利企業の社会的事業などが含まれる。寄付や投資を求める事業者は数多く存在するが、ベンチャーフィランソロピー・ファンドが関心を持つような事業者は実は少数である。その意味においてソーシャルカンパニーやソーシャルアントレプレナーのネットワークや支援組織は、エコシステムにおいて重要な役割を果たしている。

3.2.3 中間支援事業者

中間支援事業者は、直接または間接的に需要と供給を結びつけたり、専門的なサービスやリソースを提供したりすることで、エコシステムを潤滑にする触媒の役割を果たす。この分野はアジアでは創成段階にあるが、ソーシャルカンパニーや社会的投資が確立されている地域では活動が活発に行われている（Shanmugalingam, Graham, Tucker & Mulgan, 2011）。中間支援事業者には、ブローカー、情報提供者、イネーブラー（後方支援者）が含まれる。

3.2.4 ブローカー

たとえば、インパクト投資エクスチェンジ・アジア（IIX）は、インパクト投資家がソーシャルカンパニーの発行する株式や債券を取引するためのアジア初のプラットフォームである。「証券取引所」のような取引プラットフォームの存在が、インパクト投資によってソーシャルカンパニーに資本供給を行う可能性が潜在すると考えられる。このようなプラットフォームは、投資に対する障壁を取り払い、より効果的かつ効率的な資本の流れを促進するものである（Asian Development Bank, 2011）。投資に対する障壁はおおむね下記のようなものが考えられる。

- ソーシャルカンパニーへの投資に関する情報不足
- 企業評価のためのデューデリジェンスのコスト高
- 特に新興国でのリスク高
- 流動性の問題と出口戦略の選択肢の課題

個人資産管理マネージャーは、富裕層の顧客に対してフィランソロ

ピーのアドバイザリーサービスを提供するケースが増えている。彼らは顧客の寄付戦略を策定し、ドナー・アドバイズド・ファンドなどを通じて、社会的投資のポートフォリオを管理する。たとえば、ソーシャルベンチャー・グループ（Social Venture Group）やベンチャー・アベニュー（Venture Avenue）は上海に拠点を置くプライベート・アドバイザリー・ファームとしてドナー・アドバイザリーやプロジェクト・マネジメントのサービスを提供しており、急速に発展する中国の富裕層によるフィランソロピーの需要と供給に対応したプログラムを策定している。

3.2.5　セクター・インテリジェンス（意思決定ツール）： 成果とインパクトの測定

インパクト投資家にとって、一般的な商業投資市場と比較して、社会的エコシステムにおける透明性や市場情報が一般的に不足していることが大きな不満となっている。投資家の信頼を高めるためには、社会的インパクトに関する事例を通して、より一貫性のある厳密なエビデンスをとる方法論を検討することが必要である。

この分野では、投資家ネットワークや非営利組織による進化もみられる。米国の非営利団体 B Lab は、金融経済情報の提供を行うモーニングスターやキャピタル IQ などの評価分析機関を参考に、インパクト投資家から投資資金を求める企業やファンドの社会的・環境的パフォーマンスを評価する「グローバルインパクト投資評価システム（GIIRS）[3]」を開発した。GIIRS は、インパクトキャピタルの成果を定義し、追跡し報告するための共通フレームワークを構築する IRIS の方法論的フレームワークを活用している[4]。IRIS メトリクスのフレームワークは、社会的インパクトを主要な原動力とするさまざまな組織を比較するため、高度にカスタマイズ可能な共通言語を構築して

いる。GIIRS の企業評価レポートでは、通常、ガバナンス、従業員、コミュニティ、環境に関するベンチマークを測定する。2011 年、GIIRS は 450 社を格付けしている。まだ少数ではあるが、格付けの一貫性に関する実験を行っており、より広範な地域にも応用できる発展可能性を有するものといえよう。SROI ネットワークインターナショナル[5]は、自らが責任を負うべき社会的・環境的価値を理解し、管理運用を考える会員制組織である。このネットワークは、社会的投資収益率（SROI）の手法に関して広範なオープンソースのツールキットを発行している。

　欧州を拠点とするソーシャルエバリュエーターは、社会的インパクトを評価するため 10 ステップのアプローチに沿って、インパクト測定プロセスのための革新的なオンラインソフトウェアを提供している[6]。現在、組織のパフォーマンスと社会的インパクトのデータを収集するために、ライトバージョンから、より厳密で網羅的なアップグレードバージョンまで、多くの測定基準を開発しており（Angier, 2009）、それぞれに固有の測定基準と費用対効果を導出している。ベンチャーフィランソロピーやインパクト投資が発展するにつれ、投資家は期待する財務的リターンと社会的リターンの融合を示す適切で効果的な測定基準を求めるようになるだろう。

3.2.6　イネーブラー（後方支援者）

　この領域におけるアクターは、投資や情報の直接的な仲介にはあまり関与しないが、メディアを通じた一般的な認知度の向上、コミュニケーションやテクノロジーを介して障壁を取り除くことや、ソーシャルキャピタル市場のアクターを集めるための会議体などのプラットフォームの提供等、幅広い役割を担っている。また、ボランティアや有償コンサルタントによる技術的なアドバイスやメンタリングなどの

リソースを提供することで、ソーシャルキャピタル、すなわち社会や地域における信頼関係やネットワークから形成される絆ともいうべき資本のより一層の充実化に向けて取り組んでいるところもある。

　ベンチャーフィランソロピーを推進する組織のなかで最も有名なものとして、2011年にシンガポールで設立された非営利の会員制組織であるアジアベンチャーフィランソロピー・ネットワーク（AVPN）がある[7]。AVPNは姉妹組織EVPAをモデルとしている。EVPAは2005年から欧州でのベンチャーフィランソロピー活動を推進してきており、欧州ベンチャーキャピタル＆プライベートエクイティ協会（European Venture Capital and Private Equity Association）や欧州助成財団センター（European Foundation Centre）との戦略的なパートナーシップにより、ベンチャーフィランソロピーの発展に必要なさまざまな主体にアプローチし相乗効果を発揮している。アジアではこれらの主体があまり発達しておらず、また結合されていないため、AVPNの役割は重要である。AVPNがアジアで傑出したネットワークに急成長したのは、この地域に競合する組織形態がなかったこともあるだろう。

　ソーシャルアントレプレナーやソーシャルカンパニーなど関連組織は、投資可能な需要サイドの組織の認知度向上に貢献している。これらの組織には、アショカやシュワブ財団のようなグローバルなイネーブラーや、シンガポール・ソーシャルアントレプレナー協会（raiSEに改称）、インドネシア・ソーシャルアントレプレナー協会のような地域特化型組織が含まれる。フィランソロピー活動を顕彰するアワードの創設やソーシャルネットワーク・イニシアティブは、新興の仲介市場部門の存在感をさらに高め充実してきている（Meehan and Jonker, 2012）。

　英国は、ソーシャルカンパニーにとって特に活気に満ちた先進的な環境であり、全国で62,000のソーシャルカンパニーが240億ポン

ドの経済効果を上げ、約80万人を雇用していると推定されている。
このような環境のなかで、ソーシャルビジネス市場向けに新しい金融
商品を設計、テスト、推進する新しいタイプの政策形成仲介機関が生
まれている。ソーシャルファイナンスリミテッド（Social Finance
Ltd: SFL）[8]は2007年に設立され、当初は英国の休眠銀行口座の未請
求資産を資本とするソーシャルファイナンス専門銀行の設立を目指し
ていた。SFLは、ソーシャルインパクト・ボンドという革新的な金融
商品開発を行ったことでも知られる。これは、社会的課題の解決に対
して一般投資家から資金を調達し、社会的インパクトの目標が達成さ
れたときに投資に一定の利子を付与して償還するものである（第6
章参照）。

　SFLは、ソーシャルインパクト・ボンドに関して中央政府や州政府
の関心を米国にも向けさせ、大西洋を越えたイノベーションを実現し
た（Social Finance Inc., 2012）[9]。2011年9月には、オーストラリ
アのニューサウスウェールズ州政府が、ソーシャルインパクト・ボン
ドのコンセプトをアジア太平洋地域で初めて採用したソーシャルベネ
フィット・ボンドというスキームで入札を開始することを発表した
（Australian Financial Review, 2011）[10]。英国では、消費者や顧客に
対してソーシャルカンパニーを支援する興味深い取り組みとして、消
費者信頼感スキームによる検証が行われている。ソーシャルエンター
プライズマーク[11]は、社会的・環境的インパクトの基準を満たしている
ことを、潜在的な顧客に保証するため認証を付与している。ソーシャ
ルカンパニーの存在を一般消費者に普及させることは、この分野を世
界的に発展させるための重要なマイルストーンといえるだろう。

　アジアでは、タイのソーシャル・エンタープライズ・オフィスが、
ソーシャルエンタープライズマークと同様に、ソーシャルカンパニー
の認定および登録のためのフレームワークを開発している。

3.2.7 政策環境

　ベンチャーフィランソロピーやインパクト投資家など、エコシステムを構成するすべてのアクターは、国の法律や規制など所与の政策環境のなかで活動している。法規制はファンドや社会的事業者登録、課税の状況などを定めている。規制当局は、投資家に提供される市場情報の透明性と質を高めるための報告・開示制度を定める。一方、ベンチャーフィランソロピーは非営利組織へ助成金を交付し、インパクト投資家はソーシャルカンパニーへの投資を行うなどしているが、投資対象にはそれぞれの国の規制や税制が存在する。中間領域には、ハイブリッド型のソーシャルカンパニーもあり、さまざまな企業形態で事業が行われている。税務当局が理解可能なフィランソロピーの事業や商業的投資は限られており、うまく適合しない場合もある。米国や欧州では、この分野は論争の的になっているが、一部の国ではハイブリッド組織に対しても社会的投資を包含する先進的な法律を徐々に整備している。これは、社会的インパクトを優先目標とするソーシャルカンパニーのための新しいハイブリッド構造であり、民間財団がこのような企業に投資する手段を提供するものである（Community Wealth Ventures, 2008）。英国のコミュニティー・インタレスト・カンパニー（Community Interest Company: CIC）は、ソーシャルカンパニーのために特別に作られた法的形態である。CIC は、社会的目的を持ち、組織がその社会的使命から逸脱しないように規制しつつ優遇税制を提供する。[12]

　アジアにおける法律、税制度、各種規制に関して、Silk（1999）はアジア 10 カ国の非営利組織に対する法的構造について、有用な示唆を与えている。税制支援はフィランソロピーの主たる動機にはならないかもしれないが、社会的な資金調達におけるすそ野を広げる役割や意欲は、少なくとも部分的には、フィランソロピー事業に関連する税

制上の恩恵にプラスのインパクトを及ぼすものと考えられる。

　中国における国内の規制をめぐる環境は、多くの富裕層の企業家が、特に中国での大規模地震など自然災害後に民間財団を設立したいという熱意にようやく追いついたところである。福建省にある福耀集団（Fuyao Glass Industry Group：自動車用ガラスの世界最大メーカー）の創業者である曹徳旺は、新たに設立したヘレン財団に一族が保有する会社株式の60％を寄付したいと考えた。これはフィランソロピー財団への株式譲渡が認められていなかった中国では画期的なことだった。曹は、フィランソロピー活動のための支出やキャピタルゲインに対して33.3％の法人税[13]が課せられることを覚悟していたが、ロビー活動と提訴を経て、3億株の上場株式（約5.5億ドル）の譲渡が認められ、2011年にヘレン財団を設立した。これは中国本土で初めて自社株を資金源とした財団であった[14]。

　政府の重要な戦略的役割は、税制や規制を通じてフィランソロピーを支援する環境を整えることであるが、政府はベンチャーフィランソロピーに資金を提供することで、より直接的に支援することもできる。英国では多くのベンチャーフィランソロピー・ファンドが設立時に公的資金を受けている。アンリミテッド（UnLtd）は、2000年に英国の国営ロトの販売会社の1つであるミレニアム・コミッションから恒久的基金を受け事業を開始した。ベンチャーフィランソロピー事業も行い、アワードプログラムを通じて、資金調達、サポート、ネットワーキングの機会、および無料サービスの組み合わせをアントレプレナーに提供している。フューチャー・ビルダーズ、ソーシャルインベストメント・エンタープライズ・ファンド、コミュニティー・ビルダーズ・ファンド、アドベンチャー・キャピタル・ファンドは、成長可能性がある英国のソーシャルカンパニー、特に公共サービスを受託するソーシャルカンパニーに投資するニッチファンドとして、政府の資金援助により設立された。これらのファンドとグループ内の他の2

つのファンドは、助成金とローン資金、さらに付加価値のある非財務サービスを提供している。

　米国では、2009 年に米国奉仕法（Serve America Act）に基づいて連邦政府のソーシャル・イノベーション・ファンド（SIF）が設立された。プライベートエクイティ業界でいう「ファンドのためのファンド」に相当する。SIF は、ニュー・プロフィット・インク、ベンチャーフィランソロピー・パートナーズ、エドナ・マコネル・クラーク財団、ロバーツ・エンタープライズ・デベロップメント・ファンド（REDF）など、優れた実績を持つベンチャーフィランソロピー・ファンドを仲介者として、優先的に社会的ニーズのある分野で活動する企業に助成金を提供している。SIF の資金はベンチャーフィランソロピー・ファンドと同額をマッチングする必要があり、さらに投資先が下流でマッチングする必要がある。これによって資金が倍々になって提供されることになる。2010 年の第 1 回助成では、4930 万ドルの資金が提供され、各ベンチャーフィランソロピー・ファンドは、200 万ドルから 1000 万ドルの給付型助成金（返還不要）[15]を受け取った。

　アジアのいくつかの国では、ソーシャルカンパニーに直接資金を提供したり、ソーシャルカンパニーのセクターを発展させたりし始めているが、これらのイニシアティブはまだ初期段階である。シンガポールでは、コミュニティ開発・青少年・スポーツ省（MCYS）が、優先領域においてソーシャルカンパニーを活性化するためのシーズ資金（ComCare Enterprise Fund）を提供している[16]。また、香港内務局は、毎年開催される香港ソーシャル・エンタープライズ・サミットのスポンサー[17]であり、日本では経済産業省が、若手アントレプレナーの育成機関である ETIC（Entrepreneurial Training for Innovative Communities：革新的なコミュニティのためのアントレプレナー教育）などの仲介者を通じて、ソーシャルカンパニーに積極的な資金提供を行っている[18]。

　2010年、タイ政府はタイ社会企業庁（TSEO）に対して、ソーシャルカンパニーに関する具体的な基準を定める権限を与え、財務省や投資委員会と協力して、ソーシャルカンパニーへの税制優遇や投資を促進している。[19]比較的裕福なアジア諸国の政府がソーシャルアントレプレナーやハイブリッドモデルの企業を支援するきっかけとなったのは、グローバリゼーションや格差の拡大、少子高齢化などに対する懸念の高まりが大きいことは想像に難くないだろう。

Q&A　質疑応答

Q： ベンチャーフィランソロピーは、資金を投資として扱い、社会的な価値を創出するということを理解できました。医学や保健衛生の領域においても貢献していると聞いたことがありますが、具体的な事例はありますか。

A： 米国の医学に特化した財団が、バイオテクノロジー企業に助成金を投資した事例を紹介します。膵嚢胞性線維症財団（Cystic Fibrosis Foundation、以下 CFF 財団）は、約3000万人のアメリカ人が罹患しているとされる、主に白人に多くみられる疾患の治療法を発見するための医学創薬研究に資金を提供するフィランソロピー財団です。CFF 財団は、製薬会社バーテックスに1億5000万ドルを助成しました。そして 2012年にバーテックスが開発した医薬品「カリデコ」は、指定難病の嚢胞性線維症の根本原因を治療する最初の承認医薬品となりました。CFF 財団は、製品の売上からロイヤリティを受け取る権利を有していましたが、2014年に「カリデコ」のロイヤリティを投資会社に 33億ドルで売却しました。CFF 財団のマルチプルリターンは 22倍、すなわち投資に対して 22倍の収益につながりました。

　この成功例から、財団による医学創薬研究への資金提供は、ベンチャーフィランソロピーとして大きく知られるようになりました。後日談ですが、CFF 財団は、収益をもとに 120 以上の医療機関をネットワーク化し、特定の遺伝子変異を持つ患者を、より迅速に臨床治験に登録できるようにしました。これは、ベンチャーフィランソロピーが、新たなネットワークを形成し、システム変革へ道を切り開いた一例と言われています。

［注］

1　例 SROI Network（http://socialvalueuk.org）参照。
2　例 New Profit Inc.（http://www.newprofit.com）と Impetus Trust（http://www.impetus.org.uk）参照。
3　（http://capitalpacificbank.com/giirs-org/）参照。
4　（http://iris.thegiin.org）参照。
5　（http://socialvalueuk.org）参照。
6　（http://www.socialevaluator.eu）参照。
7　（http://www.avpn.asia）および（www.evpa.ngo）参照。筆者は AVPN 共同設立者。
8　（http://www.socialfinance.org.uk）参照。
9　（https://www.socialfinance.org.uk/sites/default/files/news/us-social-impact-bonds.pdf）参照。
10　（https://www.afr.com/politics/nsw-gears-up-for-social-benefit-bonds-launch-20000928-j1o9l）参照。
11　（https://www.socialenterprisemark.org.uk）参照。同様の取り組みとして、日本では京都の龍谷大学ユヌスソーシャルビジネスリサーチセンターと京都、滋賀の金融機関との間で、ソーシャル企業認証制度を設けている。2022 年 5 月末時点で認証を受けた企業数は 557 社にのぼる。（https://www.besocial.jp）参照。
12　（https://www.gov.uk/government/organisations/office-of-the-regulator-of-community-interest-companies）参照。
13　ソーシャルベンチャー・グループ・ブログ 2009 年 5 月 4 日、（http://blog.

socialventuregroup.com）参照。
14 （https://archive.shine.cn/nation/Charity-receives-massive-donation/
shdaily.shtml）参照。
15 （https://www.nationalservice.gov/about/programs/innovation_
grantees_2010.asp）参照。
16 現在は、社会・家庭開発省（MSF）に統合され、福祉行政を所管している。
17 （https://socialenterprise.org.hk/en）参照。
18 （https://www.etic.or.jp english）参照。
19 （http://senetwork.asia/news）参照。

参考文献 ....

Angier, P. (2009). *Measuring Social Value: an overview*. London, UK. Angier-Griffin., www.angier-griffin.com.

Asian Development Bank (2011). *Impact Investors in Asia: Characteristics and Preferences for Investing in Social Enterprises in Asia-Pacific*. Manila,Philippines. ADB.

Balbo, L., Hehenberger, L., Mortell, D. & Oostlander, P. (2010). *Establishing a Venture Philanthropy Fund in Europe*, 2nd Edition. Brussels. EVPA.

Cheng, W. (2010). Transitions within the Ecosystem of Change. In Cheng, W. & Mohamed, S. (Eds.), *The World that Changes the World (pp. 7-33)*. Singapore. Jossey-Bass.

Community Wealth Ventures (2008). *The L3C: Low-profit, limited liability company*, Research Brief. www.communitywealth.com.

Emerson, J. & Spitzer, J. (2007). *From Fragmentation to Function*. Skoll Centre for Social Entrepreneurship, Said Business School. Oxford. University of Oxford.

John, R. (2007). *Beyond the Cheque: How Venture Philanthropists Add Value*. Skoll Centre for Social Entrepreneurship, Said Business School. Oxford. University of Oxford.

John, R. (2010). Venturing into Entrepreneurial Philanthropy. In Cheng, W. & Mohamed, S. (Eds.), *The World that Changes the World (pp. 155-173)*. Singapore, Jossey-Bass.

Kohler, J., Kreiner, T. & Sawhney, J. (2011). *Coordinating Capital: a new approach to investing in small and growing businesses.* Santa Clara, CA. Santa Clara University. www.scu.edu/socialbenefit/socialcapital.cfm.

Meehan, B. & Jonker, K. (2012). The Rise of Social Capital Market Intermediaries. *Stanford Social Innovation Review*, Winter 2012. Stanford, CA. Stanford University.

Shanmugalingam, C., Graham, J., Tucker, S. & Mulgan, G. (2011). *Growing Social Ventures: The role of intermediaries and investors: who they are, what they do, and what they could become.* London. The Young Foundation and NESTA.

Silk, T. (ed.) (1999). *Philanthropy and Law in Asia.* San Francisco, CA. Jossey-Bass. Available as a download at www.asianphilathropy.org.

第**4**章

躍動するフィランソロプレナー の支援者

アジアにおけるアントレプレナー・ソーシャルファイナンス

　アントレプレナー向けソーシャルファイナンスに関するワーキングペーパーを発行するなかで、多くの事例を収集した。アジアでアントレプレナー向けソーシャルファイナンスを提供する組織や個人、フィランソロプレナーの支援による実践を 7 事例紹介しよう。

4.1　7 つの事例

4.1.1　ベンチャーフィランソロピー ADM キャピタル財団（香港）[1]

　ADM キャピタルは、香港を拠点とする投資運用会社で、香港、ロンドン、インド、中央アジアにオフィスを構え、15 カ国以上で約 12 億ドルを運用している。1998 年に設立され順調な成長発展をとげ、2006 年に事業の価値を再定義するなかでごく自然な延長線として

フィランソロピー財団を設立した。そしてアジア全域で「危機に瀕した子どもたち」と「自然環境の保護」という2つのテーマで活動している。財団のCEOであるリサ・ジェナッシは、その出発点を社会的または環境的な課題解決に主眼を置いたものと表現する。「私たちは、単にベンチャー企業から提案を受けるのではなく、特定の社会的・環境的な課題に積極的に取り組みたいと考えた。そのためにはニーズが最も高い場所で活動し、そのニーズに効果的に取り組むことができると思われる地域のパートナーと協力連携を図るため社内で討議を重ねた。したがって、パートナーとの関係を非常に重視している。小切手を渡し時間がきたら撤収するということではない」と語る。ADMキャピタル財団は、ベンチャーフィランソロピーの手法を用いて、アジアの10カ国、40以上の現地の運営パートナーに支援を提供している。「私たちの目標は、ある組織と永遠に付き合うことではない。現地のパートナー契約は、双方が望む変化を理解したうえで行う。目的は、変化をもたらしレジリエンスを高めること。助成の期間にこだわることもない。出口戦略は、共同で設定した目標が達成され、組織が安定し、幅広い資金基盤を獲得し、独立自走できるだけの力を持っていることを確認すること。私たちの組織に対するコミットメントの大部分は、資金面だけではなく、人材、ITシステム、会計など、能力開発の全領域に及ぶ。基盤の弱いパートナーでは社会や環境のニーズに対応できないため、強いチームが必要である」とジェナッシは語る。

　財団は、戦略面や運営面で助言を得るために外部のコンサルタントを利用することもあるが、香港を拠点とするコアチームとフィールドスタッフを中心に活動する。積極的なアプローチを行い、シニアスタッフは長期にわたり現地に滞在する。設立から10年間で、アジア10カ国40以上のパートナーに2000万ドル以上の支援を行ってきた。

4.1.2 企業フィランソロピーDBS財団（シンガポール）[2]

　DBSは、シンガポールに本社を置く多国籍銀行グループで上場企業である。1968年にシンガポール政府によって、工業化を推進するための資金調達を目的として設立された。現在では18カ国、280支店を持つアジアを代表する銀行グループであり、資産規模で東南アジア最大級である。2015年のシンガポール建国50周年を前に設立されたDBS財団は、ソーシャルアントレプレナーの支援に特化し、シンガポール、香港、中国、インド、インドネシア、台湾で活発なプロジェクトを展開している。DBSがソーシャルカンパニーを支援することに関心を持った時期は、財団が設立される6年ほど前のことであった。すでに中小企業向け金融商品開発のリーダーであったDBSは、2008年にソーシャルカンパニーを支援するため、アジア企業に実質的な手数料免除やディスカウントを提供する「ソーシャル・エンタープライズ・バンキング・パッケージ」を立ち上げた。DBS財団は、2014年に5000万シンガポールドル（3600万ドル）の基金で設立され、ソーシャルカンパニーがそのライフサイクルの3つの段階（起業、成長、拡大）を通じて発展していくための支援を目的としている。DBS財団は、段階的な直接助成アプローチを用いて、ライフサイクルのさまざまな段階にある企業に資金を提供している。

- パイロット／プロトタイプ補助金。最大5万シンガポールドル（36,000ドル）。社会問題を解決する革新的で大規模なアイデアを持つ企業が対象。DBS財団は、ソーシャルアントレプレナーを目指す人たちのためのビジネスプランコンテストやワークショップ、ブートキャンプを運営する戦略的パートナーも支援する。
- 組織的な補助金。最大で10万シンガポールドル（72,000ドル）。

　事業開始から 2 年以上経過し、組織能力の向上を目指すソーシャルカンパニーが対象。この補助金は、事業の成長、持続可能性の確保、社会的影響の促進を目指しコアとなるスタッフの採用、製品サービスの研究開発、固定資産の購入などに使用することができる。
* スケールアップ助成金。完成されたビジネスプランを持ち、スケールアップが可能で、3 年以上の運営実績がある企業に対して、カスタマイズ資金を提供する。

　シンガポールのベタル・バリスタは、DBS 財団のスケールアップ助成金の恩恵を受けたソーシャルカンパニーの 1 つである。社会的に不利な立場にある若者や女性をスペシャルティコーヒー業界で就労できるようトレーニングを行っている。2011 年に設立され、「ベタルホリスティック・トレーニング・プログラム」で 50 名の卒業生を出した。卒業生の 80％がコーヒー業界に就職し、最も重要な点として、このうち 80％が自信と感情をコントロールさせる自尊感情が向上したことをあげている。このプログラムは、米国スペシャルティコーヒー協会（SCAA）と欧州スペシャルティコーヒー協会（SCAE）の両方から国際的な認証を受ける東南アジアで唯一の組織である。DBS 財団のスタッフは、同社と緊密に連携し組織のニーズを把握し、DBS 財団や第三者機関が提供する能力開発サービスを提供する。プロフェッショナルコーヒーの事業モデルを使い、長期失業者をエンパワーメントすることを目的に同社を設立したパメラ・チャンは、「DBS 財団の支援はとても役に立った。私たちは、財団や銀行のボランティアと一緒に、金融に関するスキルも磨いてきた。このプロジェクトは、DBS 財団のスタッフによるプロボノが、駆け出しのビジネスをより金融商品として魅力的なものにし、新たな資金提供者を惹きつけるビジネスモデルに変化させる好事例になった」と語る。DBS 財団は、さまざまな部署と緊密に連携し、リーダーシップと優

秀な人材を育成するという財団の取り組みに沿った活動の機会を提供
している。

4.1.3　ギビングサークル：ソーシャルベンチャー・パートナーズ東京[3]

ソーシャルベンチャー・パートナーズ東京（SVP 東京）は、2003
年に設立された若手実業家のネットワークである。設立者の 1 人で
ある井上英之は、日本で「ソーシャルアントレプレナー精神」を唱え
ていたコンサルタント出身の実業家である。井上は、米国でベン
チャーフィランソロピーに触れ、日本で初めてベンチャーフィランソ
ロピーを実践する組織を作ることができると考えた。SVP 東京は手
始めに、ソーシャルアントレプレナーを招いて自分たちの事業につい
て語ってもらう最大 100 名の会員向け教育イベントを定期的に開催
した。ベンチャーフィランソロピーのなかでも、井上が注目したの
は、米国の主要都市で活動しているソーシャルベンチャー・パート
ナーズ（SVP）のギビングサークル・モデルである。井上はシアトル
の SVP 本部で半年間にわたり研修を受け、東京の若手実業家のネッ
トワークに働きかけ、米国の SVP ネットワークのアジア初の加盟団
体 SVP 東京を設立した。SVP 東京の初期の支援先は、国の教育制度
では支援が行き届かない聴覚障害児の教育を支援する NPO だった。
SVP 東京のメンバーは、事業計画、資金調達戦略、メディアプラン
の策定など、資金面と技術面で支援を行った。その結果、自分たち自
身で専門組織を立ち上げ、目標額以上の資金を集めることができた。
この初期の成功により、SVP 東京のメンバーは、少額の助成金や
パートタイムのボランティア活動でも、小規模な事業者でも社会的使
命を果たすための強力なリソースになることを確信したのである。

SVP 東京は、25 歳から 40 歳までの社会人を対象に、年間 10 万

円をファンドにプールする寄付を設定した。活動開始から7年間、SVP東京は約100名のメンバーを獲得し、27のソーシャルカンパニーを支援したが、そのうち5社は支援を得て自走できるようになった。これらの投資先のほとんどは、2年間ポートフォリオに留まり、その間、伴走型支援や、通常年間100万円の助成金を受けている。なお、SVP東京では、2014年までに株式投資を行ったのは1件のみだった。5人から10人のパートナーで構成されるチームは、一般的なビジネス上のアドバイスを提供し、パートナーたちは多忙な仕事を抱えるかたわら、毎月最大10時間ほどプロボノとしての活動に費やしている。新規投資の決定は非常に民主的なもので、すべてのパートナーは、候補者6人によるピッチセッションに招待される。プレゼンテーションとディスカッションの後、投票が行われ、メリットと将来性を考慮して2、3の新規投資先が選ばれる。最初のネットワークミーティングから今日に至るまで、支援すべきソーシャルベンチャーの候補が次々と現れ、SVP東京に健全なパイプライン（候補者リスト）をもたらしている。2009年には、ファンドの運営能力を高めるために、初めて常勤職員を採用した。

　SVP東京の重要な側面は、情報を得て活動する世代の寄付者を育成することである。実際にSVP東京を退会した人のなかには、ソーシャルカンパニーに転職した人もいる。SVPネットワークの正式な加盟団体として、SVP東京は米国の本部組織に5,000～6,000ドル（パートナーの数によって異なる）の年会費を支払い、その見返りとして、SVPネットワークのロゴやブランド名を使用するライセンス、運営マニュアルやガイドライン等のパッケージ、米国やカナダでのSVPネットワークからの経験に基づく戦略的なアドバイスを受けている。

　SVP東京がアジア会議でこのモデルの普及に貢献し、香港、シンガポール、ソウルでも同様のイニシアティブが形成されている。

4.1.4　インパクト投資家：Lanshan Social Investment （中国・嵐山社会投資有限公司）

　ハン・シャオ（肖晗、以下　ハン）は、中国の新しいタイプの社会投資家である。デロイトや百度（中国ナスダック市場上場 IT 企業）で 7 年間の勤務経験を有しコンサルタントとしての経歴を持ち、現在は中国のインパクト投資市場の開発に従事している。ハンは、3 人の創業パートナーとともに、「中国の市場を熟知した現地の人が意思決定を行う純粋なローカルファンドを作ることを目指した」と語っている。そこで、ハンは 2011 年に中国初の独立系インパクト投資ファンドとしてランシャン・ソーシャルインベストメント（Lanshan Social Investment: LSI）を設立した。ハンは、中国の急速な経済成長のなかで解決を図らなければならない多くの社会問題に対して、企業と非営利組織が重要な役割を担っていると考えるが、一方で非営利組織は、人材や資金の不足に加えて、ビジネスの持つダイナミズムや商業的なセンスが欠如する課題を抱えていることを痛感していた。ハンのパートナーはいずれも、ベンチャーキャピタルやマーケティングのフィールドで素晴らしい実績を持っており、彼らは、中国におけるソーシャルカンパニーの将来に期待を寄せている。そして、社会的イノベーションとビジネスの実行力を結びつけるという点で、中国はユニークな存在になりうると考えている。しかし、「ソーシャルカンパニーとして認知を高めるだけではなく、うまく運営されているソーシャルベンチャーの持続可能性を下支えするファンドを作るべき」と語る。

　ハンは、南アフリカの社会的投資ファンドであるハートキャピタルに 1 年間、また、リヒテンシュタイン公爵家が所有する世界屈指のプライベートバンキングである LGT グループのベンチャーフィランソロピー財団の中国拠点で 2 年間勤務し、投資可能なソーシャルカ

ンパニーを見つける難しさを熟知している。そしてこの経験は、ハンにとって貴重な示唆を得る機会となった。LGTでは390件の候補企業をスクリーニングし、スイスに本社を置く企業に3件の投資運用の助言を行った。こうした多数のソーシャルカンパニーの審査に多くの時間を費やした経験から、LSIは初年度にしてすでに4件の投資案件を獲得している。LSIは、GP／LP（ジェネラル・パートナー／リミテッドパートナー）[4]の編成、管理費、繰越利益といった経営管理面の助言を行い、ベンチャーキャピタルと同様の運営を行う。ハンとパートナーは、4件の投資先を管理するだけでなく、第三者からの投資も積極的に募っている。

　LSIは、ファンドの規模を1億人民元（1600万ドル）にまで拡大したいと考えており、リミテッドパートナーには、5年間募集を行い10～15％の財務的リターンを9年間提供するという。出口戦略としては、一般的なベンチャーキャピタルの手法である株式公開、マネジメント・バイアウト、合併・買収等を、流通市場を介して行う。LSIは、農業、環境、低コスト・大量生産のサービス提供など、幅広い分野のソーシャルカンパニーを対象とする。さらに、LSIは「社会産業インフラ」プロジェクトも検討しており、中国におけるソーシャルカンパニーのエコシステムの構築を支援する姿勢を示している。一方で、これらのプロジェクトは政府資金を受けた国家プロジェクトである場合が多く、財務的リターンは得られにくいことを認識している。

　ハンのパートナーであるホーユエ（Heyue）は、中国の農村部の学校に寄付された図書が子どもたちに有効に活用されていないというジレンマに対して、革新的なアプローチを行っている。中国の多くの農村や移民学校に本を寄付することは、中国では非常に積極的なフィランソロピーの習慣となっており、その結果、学校の図書館は充実したものとなっている。しかしながら、人的資源の乏しい農村部の学校

では、効果的な図書館システムを構築し運営するための十分なマンパワーが不足している。その結果、多忙をきわめる教師たちが学校の図書を使用できないようにロックしてしまうことがあるという。これは、ハンが言う「アウトプットとアウトカムのすれ違い」の一例である。図書が寄贈されても、子どもたちには何のメリットももたらさない。ホーユエはクラウドベースの図書館管理ツールでインターネット接続した農村部の生徒たちが、簡単なスキャン装置を使って図書の貸出を受けることができる仕組みを開発した。このシステムでは、寄贈者がログインし図書を誰が借りているかを確認することもできる。寄贈者は、IT を介して生徒読者とつながりを持つことができるのである。現在、この事業は開発段階にあり、2012 年初頭までに 176 の小学校にソフトを導入し、9,500 人の生徒にサービスを提供し、10 万冊の本を貸出可能にした。持続可能な仕組みづくりのために、何千もの学校に拡大展開し、中国最大の農村貧困家庭の児童への教育改善プログラムを運営するホーププロジェクトのように仲介業者を通じてソフトウェアのライセンスを供与することも検討している。

　続いて有毒な鉱山ガスを検知する先進的なレーザー検知器（世界の炭鉱死の 80％は中国で発生している）と、HIV の抗レトロウイルス薬の治験を行う企業にも投資を行っている。LSI が現在行っている「社会インフラ」への投資は、社会イノベーションのニュースやケーススタディを紹介するウェブサイト（lanshangroup.com.cn/business.html）でみることができる。ハンは、「中国では転換社債の活用にはまだ問題があるため、商業目的の投資には主に株式を使用している」と述べる。

　融資と並行して、必要に応じてアントレプレナーへ付加価値の高いアドバイスや人的ネットワークをつなぐことで支援する。LSI は完全な中国企業であり、現地の知識とマネジメントを強みとしているが、「ソーシャルカンパニーという考え方は、中国国内ではまだ馴染みが

薄い」とし、中国国内で第三者からの資金調達が難しいことをハンは
認めている。そのため、国内外のリミテッドパートナーとなりうる個
人、財団、資産管理会社などを対象に資金調達活動を展開している。
ハンは、「直近の課題は、同じような考えを持つ投資家を見つけるこ
と」と語る。

　現在、投資ファンドは、中国のソーシャルビジネスにさまざまな金
融サービスを提供する企業の持ち株会社である LSI グループの一部と
なっている。LSI は、「金融商品と市場メカニズムを活用して、BOP
（経済ピラミッドの底辺）の人々と社会の健全な発展を支援する」こと
を目標とする。LSI は、中国の社会問題に対して大規模な社会的イン
パクトを与える可能性のある持続可能な市場ベースのソリューション
を見つけ出し、その発展を支援するために適切な金融商品を設計する
ことに専念している。LSI が管理しているのは次のとおりである。

・ランシャン社会投資第 2 号ファンド（M&A ファンド）
・ランシャン社会投資フェーズ 1
・ランシャン廉価住宅ファンド
・ランシャン廉価版医療ケアプログラム
・ランシャン社会投資 400 銘柄インデックス

4.1.5　エンジェル投資家：Living Water Social Ventures （台湾・活水社企開発）[5]

　リビングウォーター・ソーシャルベンチャーズ（以下 LWSV）は、
「ソーシャルアントレプレナーとインパクト投資家をつなぐ」ことを
目的に、2011 年に台湾でソーシャルカンパニーとして法人化され
た。共同設立者のレイ・チェン（陳一強、以下 チェン）は、台湾で

は「ソーシャルアントレプレナーと潜在的なインパクト投資家の間に大きなギャップがあり、ソーシャルアントレプレナーが投資を受けることができないセグメントがある」と語る。チェンと共同創業者のジェーソン・チュアン（段樹仁）は、スタートアップや後発のソーシャルカンパニーを対象に、経営コンサルティングや財務アドバイザリーなどの非財務支援を無償で提供している。

　創業初期段階のソーシャルカンパニーに対しては、プロボノとしてコンサルタントやインターンがサポートする。規模が比較的大きい企業に対しては、アジア・米国・マルチテクノロジー協会（AAMA）の台北揺りかご計画と連携し、シリコンバレーとアジアの技術者のコラボレーションから生まれたメンタリングのスキームを提供している。LWSV が直接、またはパートナーを通じて行う技術的助言は、ソーシャルカンパニーがインパクトエンジェルやインパクト投資ファンドから投資を受けられるようにサポートするものである。LWSV は、経験豊富なアントレプレナーや、ベンチャーキャピタル、会計、法律の分野で活躍する個人で構成された 8 人のインパクトエンジェル投資家によって「投資家サークル」を形成している。LWSV はディールフロー（投資機会の流れ）の主要な供給源であるが、エンジェルたちは自分たちのネットワークから投資先候補となるソーシャルカンパニーを掘り起こすことに挑んでいる。台湾におけるソーシャルカンパニーの発展や、新興セクターを育成するための規制緩和等をテーマにしたミーティングを行うことで、アドボカシー的な機能も果たしている。

　LWSV は、3 万ドルから 30 万ドルの範囲でエンジェル資金を提供することを目標としているが、2 度目の資金調達が必要な投資があれば、より大きな金額の供出を検討することもある。LWSV は、設立後 2 年間で、ニューライフ・インフォメーション・サービス、ダイアログ・イン・ザ・ダーク台湾、グッドワークス・ソーシャルエンタープ

ライズの３社に出資している。グッドワークスは、特に恵まれない人々や障害を持つ人々が作る製品のブランディング、デザイン、マーケティングを行う企業である。LWSV のスタッフらは、グッドワークスを障害者と直接かかわる関連事業を行うフィランソロピー組織と連携し公益法人に企業再編することを支援している。チェンによると、エンジェル投資家は「財務的リターンと社会的リターンの両方を期待するが、実際には財務的リターンを最大化することよりも、自社の投資が社会にどのようなプラス影響（インパクト）を与えうるかを重視する」という。

　エンジェル投資ネットワークは、投資の可能性があるパイプライン（候補者リスト）を有しているが、チェンは、「発展拡大可能なビジネスモデルを有する成熟したソーシャルアントレプレナー」が不足している台湾の課題を認識している。LWSV は、初期段階のインキュベーターや、B コーポレーション[6]、コミュニティー・インタレスト・カンパニーのモデルに匹敵する新しい法的な枠組みを開発支援することで、ソーシャルビジネスのエコシステムの進化に取り組んでいる。

4.1.6　企業ベンチャーキャピタル：ClearMedi Healthcare（インド）[7]

　シャーシー・バリヤン（Shashi Baliyan、以下 バリヤン医師）は、インド出身で、英国の国民保険サービス（NHS）で研鑽を積み、アントレプレナーとしてヘルスケアサービス企業を設立した。インドの最貧層のコミュニティに、低コストで質の高いがん診断と治療を提供している。ディワリ（インド最大の行事、ヒンドゥー教の"美と豊かさの女神"であるラクシュミーをお祝いする祭）の時期に家族でインドを訪れたことがきっかけとなった。その際、デリーからパキスタン国境までの何百キロにもわたり、がん診断機器が１台も存在しない

という事実を知った。英国で長年暮らしていたため、インドとの医療ギャップを痛感した瞬間であった。首都ニューデリーにはがん治療施設があるが、地方都市や農村部に住む患者は、何百キロも移動し、家族と離れて長期間入院生活を送らなければならない。試行錯誤の後、バリヤン医師は 2010 年に英国人の同僚から起業資金の提供を受け、クリアビューヘルスケアを設立した。そして、すぐにニューデリーから北西 160 キロに位置するヒサール病院との間で、がん治療のための放射線治療施設の提供契約を締結した。病院は放射線治療室を建設し、クリアビューは低コストのがん治療を提供するプロジェクトにおいて、レベニューシェア方式（受発注側双方で収益を分配する成果報酬型契約方法）で機器の供給、運用、保守を行った。バリヤン医師は、しかしこれがヒサール病院だけの問題ではなく、インド全土でがん治療の機器が不足していることに改めて気づかされた。真のインパクト（変化）を与えるには、多くの都市へ規模を拡大することが必要と考えたのだ。そのためには、彼や同僚が個人の力でできる範囲をはるかに超える投資が必要であることも分かった。

メディパスは 1995 年に設立されたイタリアの医療機器メーカーで、ミラノ証券取引所に上場するイタリアの持株会社 CIR グループの傘下企業である。バリヤン医師がメディパスの CEO（最高経営責任者）を紹介されたのは同社が英国の医療システムにがん治療機器を提供しようとしていたころだった。バリヤン医師は、インド市場は治療費だけでは利益回収は難しいものの、患者人口のスケールメリットによってビジネスのポテンシャルがあることを主張した。この結果、2010 年、メディパスとクリアビューは、インドにおいてがん治療分野に参入する手段として、合弁会社クリアメディを設立することになった。この合弁会社は、病院や公共・民間の医療施設に提供される高度な医療機器のためのターンキー・ファイナンスを導入し、企画、

開発、管理サービスを行うことを目的とした。ターンキーとは特別な専門知識がなくても、キーをターンする状態で始動できるような契約形態である。

　欧州市場と比較し20分の1以下という安い治療費をベースにしたこのビジネスモデルは、メディパスにとっては初の試みであったが、この革新的なモデルがインドにおいて運営コストを劇的に下げ、イタリアとは比較にならない多くの患者に恩恵を与えることが可能であることをバリヤン医師は力説した。また、そのうえでバリヤン医師は、メディパスのCEO、グリエルモ・ブレダ・ディ・ソレト（Guglielmo Brayda di Soleto、以下 ブレダ代表）と会い、このビジネスケースを提示した。会議の後、綿密な調査を行った結果、ブレダ代表はその主張に説得力があると判断した。「バリヤン医師のインドでのビジネスモデルは、メディパスの成長モデルに似ていることに気づいた。重要なことは、インドにおける事業成長の可能性、特に人口70万人から1000万人の都市における成長の可能性を見いだした」と語る。

　バリヤン医師と彼の個人投資家は新会社の51％の株式を所有し、2011年9月に最初の病院契約を獲得した。その後4年間で、クリアメディはインド国内の16の施設と契約し、放射線治療から診断用放射線医学領域に事業を拡大し、インドで最貧といわれるビハール州に最初のPET/CTを設置した。クリアメディの収益モデルは、現地の市場や組織のニーズに合わせて修正されたものである。デリーの教育研究病院とは、20年の契約期間を締結し、患者への料金請求は少額とし、長期間で投資を回収するモデルとして実現に至った。

　インド国内での事業拡大にともない、販売ボリュームが増えたことで、機器メーカーとの交渉力も高まっていった。このようにして、本国イタリアのメディパスの事業も、合弁会社のインドからの取引の拡大で利益を得ていった。当初4年間で、クリアメディは高品質のがん診断と治療のための新しい市場を開拓し、フィランソロピー財団か

らの追加投資を得て、公立病院にフル規格のサービスを提供するまでになった。主に「ティア 2（都市人口 100 万～400 万人）」や「ティア 3（同 100 万人未満）」の都市とその周辺の農村地域の低所得者層を対象としている。バリヤン医師は、マーケティングチームを持たずに、「口コミや機器サプライヤーのネットワークを通じて事業拡大を実現した」と語る。

　メディパスの投資に対するリターンと、インドでの継続的な市場発展の可能性を見て、バリヤン医師と投資家たちは出口戦略に向かいはじめた。バリヤン医師は、キャッシュアウトによって、家族と一緒に立ち上げた新しいヘルスケア系のベンチャー企業に必要な資金を得た。ブレダ代表は、今回の投資について、「メディパスにとって非常に満足のいく結果だった。腫瘍の画像診断と治療分野で大きな成長の可能性を立証することができ、その結果、患者に好ましい影響を与えることができた」と述べている。クリアビューとのコラボレーションは、メディパスにとって、他の新興市場ビジネスの可能性を検討するうえで学習の機会となったことはいうまでもない。「インドの医療サービスの臨床的・技術的レベルの向上によって、メディパスはノウハウを蓄積し、今では中東や南アジアの国々の医療市場にも対応できるようになった」とブレダ代表は語る。

　バリヤン医師は、メディパスが事業を所有することで、社会的使命を守り続けることができると確信している。大規模かつ低コストのビジネスモデルによって、投資回収リスクをとることで、低所得者層にサービスを提供することの可能性を示したのである。

4.1.7　ビジネスプロセス・アウトソーシング：Hong Kong Broadband Network（香港）[9]

香港ブロードバンドネットワーク（HKBN）は、1999 年に旧シティ

テレコムによって設立され、急成長をとげた香港最大の光ファイバー高速家庭用ブロードバンドのサプライヤーとなった。2012年にCVCキャピタルパートナーズが同社を買収し、同年末には63人の幹部・中堅社員が株式の14%を取得するという広範なマネジメント・バイアウトが行われた。HKBNは、香港のソーシャルセクターを戦略的に支援することで、社会的投資に取り組んでいる。2014年以降、MOVEプログラム（社会的使命のマーケティング、事業活動のアウトソーシング、スキルベースのボランティア活動、エシカル消費）を通じて、ソーシャルカンパニーに対しさまざまなコミットメントを実践している。HKBNがソーシャルカンパニーにカスタマーサービスのヘルプラインサービスと社内ケータリングを委託したのは、ソーシャルカンパニーとの関係性についてスポンサーとしての立場からビジネスベースのモデルとしてビジネスプロセス・アウトソーシング（BPO）を活用したことを意味する。

　HKBNのカスタマーサービスのヘルプラインサービスは、業界慣行に沿って、中国の広州地域に委託されてきた。2014年2月からは、iエンタープライズ（香港のソーシャルカンパニー）が電話ヘルプラインサービス（コールセンター業務）を請け負った。iエンタープライズは、身体的・精神的障害やその他のハンディキャップを抱える13人の従業員によってヘルプラインサービスを担当した。この事業は3カ月後に損益分岐点に達し、6カ月後に利益を生み出した。HKBNが提供する無料のITサービスなどを含めたサポートや補助金の恩恵を受け、立ち上げコストを削減できたことが大きいという。iエンタープライズの電話受付担当の応対品質を向上させるために、HKBNの人材開発部が無料のトレーニングとガイダンスを提供した。iエンタープライズの従業員は、全体的な幸福感、経済的自立、自己肯定感が大きく向上したことが調査で明らかになった。

　コールセンター業務をソーシャルカンパニーに委託し一定の成功を

得たことで、HKBN は他の可能性のある案件を推進した。そして、聴覚障害者や退職者、長期失業者を雇用する香港のジョイ・キング・エンタープライズが、HKBN のオフィス内ケータリングを担当することになった。社内食堂「ブロードバンド・ディライト」では、安全性と品質の観点から責任調達した食材を使用し、HKBN の MOVE プログラムの一環であるエシカル消費についても協力している。ソーシャルカンパニーを支援する次のプラットフォームは、スキルベースのボランティア活動である。ナレッジ・ボランティア・フォー・ザ・コミュニティでは、これまでに HKBN の上級幹部および中間管理職から 40 人のボランティアを募り、実践的なビジネスセンスを必要とするソーシャルカンパニーに人材派遣を行っている。このプログラムは、初年度に 20 人の管理職が半年間にわたり 6 社のソーシャルカンパニーにプロボノでコーチングを提供した。そしてさらにそこから得られた知見を蓄積し、現在も継続して支援活動に取り組む。

　HKBN では、ソーシャルカンパニーを支援するために、アウトソーシングやボランティア活動を通じた直接的な支援と、顧客に対してソーシャルカンパニーのコンセプトを広めることで間接的な支援を行う両面展開を行っている。一例として、通信契約を更新した顧客にインセンティブを付与する代わりに、特定のソーシャルカンパニーの商品やサービスと交換できるクーポンを配布する。これにより、70 万人の顧客と 8,000 社のビジネスパートナーの間で、香港のソーシャルカンパニーの認知度が高まっている。

4.2　アジア各国の現状

　アジアにおけるアントレプレナー向けソーシャルファイナンスのエコシステムは、国によってばらつきがあるものの初期段階にあり、そ

れぞれ構成する組織が急速に進化している。2006年以前に運営されていた初期のファンドや仲介者のなかには、ビジネスモデルを試行錯誤し、状況に合わせて修正しながら運営を行っているものもある。また、停滞しているケースもあるが、多くの新しい取り組みが始まっている。供給側では、富裕層のフィランソロピーの取り組みについては、同族企業や財団を通じて実験的アプローチが行われており、捕捉できていない事例も多い。このようなケースではデータを把握することが難しいことは断っておかなければならない。

　アジアベンチャーフィランソロピー・ネットワーク（AVPN）が急速に成長して認知度が向上したことで、アントレプレナー向けソーシャルファイナンス分野全体が注目を浴びるようになり、すでに実践している企業団体に追い風となっている。

　巻末の付録資料は、アジアにおけるエコシステムの供給、仲介、そして限られた範囲ではあるが、政策面でのマッピングを行っている。エコシステムの需要側、つまりベンチャーフィランソロピーやインパクト投資ファンドが注目する社会的事業（NGO、チャリティ団体、ソーシャルカンパニー）をマッピングすることは、ここでは行っていない。AVPNのオンライン・メンバー・データベースは、独立したマッピング・プロセスがない場合、アジアのアントレプレナー向けソーシャルファイナンスのファンドの全体像を把握するのに適している[10]。付録資料では、アジアで活動するアントレプレナー向けソーシャルファイナンス・ファンドを紹介している。これらのファンドは、ベンチャーフィランソロピーからアクティブなインパクト投資まで幅広く、アントレプレナーに資金提供と合わせて一定程度の運営支援を行っている。

　ファンドのなかには、ベンチャーフィランソロピーやインパクト投資という言葉を使わず、いわばレーダーの外（情報として捕捉できない）で活動しているものもある。ファンドのなかには、海外に本社を

置くものや、アジア太平洋地域外の組織と強いつながりを持つものも少数ながら存在する。完全に国内のみで活動しているファンドもあれば、アジアの他の国に投資しているファンドもある。ベンチャーフィランソロピーやインパクト投資は、アジアではまだ発展の初期段階にあるため、海外に拠点を置くファンドの方が、国内のファンドよりも運営経験が豊富である。例外として、インドのインパクト投資ファンドであるアビシュカールは、設立 10 年目をむかえ、取扱高は 2 万6000 ドルから 600 万ドルに急成長している。インドでは、ソーシャルカンパニーや中小企業が比較的成熟していること、BOP で商品やサービスを提供する企業にとって莫大な市場機会があること、政治経済的に比較的安定していることなどから国内外を問わず、多くのファンドがインド市場に注目している。大規模な市場機会に惹かれた投資ファンドが数多くいる。海外のインパクト投資ファンドにとって、インドは急速に成長するセクター、ある意味で大きな実験室としての機能を有している。トニック（Toniic）、オミダイア（Omidyar）、ソロス（Soros）、グーグル・オルグ（Google.org）、グラミン・キャピタル（Grameen Capital）、アキュメン（Acumen）などの大手ファンドがインドでその存在感を高めている。

　インドとは対照的に、中国におけるソーシャルファイナンスは、少数のファンドが手探り状態で活動している。国家と市民社会組織の間の微妙な関係、成熟期前のフィランソロピー財団、政策や税制などの整備の状況から、少数のファンドがいわば試験的にアプローチしている状況にある。中国ではフィランソロピー財団を設立することが難しく政府による規制があるため、社会的関心を持つ新世代のアントレプレナーが社会的課題に取り組むためには、まず商業登記を行い、事業を立ち上げ、非営利組織を設立し、その後に社会事業を展開するという方法がとられる。しかしながら伝統的な方法を飛び越えて活動を行うことも今後みられるかもしれない。その意味ではベンチャーフィラ

ンソロピーやインパクト投資に有利に働く可能性もある。新たに提案されたフィランソロピーに関する法律と政府の支援により、将来的に中国では、ソーシャルカンパニーに対するソーシャルファイナンスが大きく進展できる可能性がある（Zhao, 2012）。

　中国政府と強固な関係を築いているジェットリー・ワン財団（Jet Li 氏による One Foundation: 壹基金）は、創設者の知名度を活かし、画期的な災害支援活動からベンチャーモデルを発展させた。ユーチェンジ（YouChange: 中国ソーシャルエンタープライズ財団）は、中国のソーシャルアントレプレナーを支援することをミッションとし、ブリティッシュ・カウンシルなどのイネーブラーとパートナーシップを組んで登場した。長年にわたって活動する NGO 支援組織 NPI と中国の巨大 IT 企業レノボとの間でパートナーシップが締結され、ファンドが設立された。

　なお、香港を拠点とするベンチャーフィランソロピー・ファンドのなかには、中国への投資に親和性があるものもあるが、このようなアプローチが中国内外の投資を呼び込むことに成功するかどうかを判断するにはいま少し時間が必要である。

　意外に思われるかもしれないが、日本では目に見える形でのソーシャルファイナンスの支援者はごく少数であった。日本は強力な国際援助プログラムを有する世界屈指の先進国であるが、フィランソロピーの分野では黎明期といえる。その一方で、ソーシャルアントレプレナーへの関心の高まりや、高齢化社会の諸問題を解決するために活動するソーシャルカンパニーの市場機会は大きく、ベンチャーフィランソロピーやインパクト投資が活発化しつつあり、政府機関による政策的支援も行われている。テクノロジー企業のバッファローは、シンガポールオフィスを通じて、ベンチャーフィランソロピーを実験的に行っている。アルン（Arun 合同会社）は日本を拠点とする投融資会社で、カンボジアの多くのソーシャルカンパニーにデットファイナン

スを提供している。SVPIに加盟するギビングサークルSVP東京の活動も新たなフィランソロピーを担う形態である。

　日本では、近代資本主義の父といわれる渋沢栄一の玄孫で、米国で教育を受けた投資銀行家の渋沢健が先駆的に行った非常に革新的なスキームがある。米国のオルタナティブ・アセット・ファンド・オブ・ファンズであるボイジャー・マネジメントは、SEEDCapプログラムを通じて、利益の1％を日本の非営利組織のポートフォリオに寄付している。このプログラムは、2004年から2011年まで実施され2011年に新規募集を終了した。厳密にはベンチャーフィランソロピーではないが、財団が日本の非営利組織のキャパシティ・ビルディングのための資金を寄付するという点では、レアケースともいえるイノベーションである。

　最近のイノベーションとして注目すべきは、インディ系音楽家を支援するための資金調達プラットフォームであるミュージックセキュリティーズを立ち上げたアントレプレナー、小松真実によるソーシャルカンパニーへの資金調達の取り組みがある。ミュージックセキュリティーズは、同社のオンライン・クラウドファンディングのプラットフォームを利用して、2011年の東日本大震災の被災地東北のソーシャルカンパニーを支援するマイクロインパクト投資ファンドを設立した。

　2019年7月のAVPNのウェブサイトには、16人の日本人メンバーが掲載されているが、アントレプレナー向けソーシャルファイナンスの資金提供に直接かかわっていることが確認できるのは4分の1だった。他のメンバーはAVPNのミッションを支援することに関心のある企業や、研究機関、仲介者であった。ソーシャルインベストメント・パートナーズ、日本ベンチャーフィランソロピー基金、笹川平和財団のイノベーティブ・ファイナンス・プログラムなど、アントレプレナー向けソーシャルファイナンスの資金提供に直接携わっている

新しい革新的な組織も少数ながらある。本章の原稿作成時に活動していたのはインパクト投資／エンジェルネットワークのアルン（Arun 合同会社）のみであったことから大きく前進しているといえよう。

韓国では、ソーシャルアントレプレナーの熱量に後押しされ、ソーシャルエンタープライズ・ネットワークやアジア・ソーシャルアントレプレナーサミットなどを通じ、フィランソロピー活動が展開されている。ベンチャーフィランソロピー・ファンドであるソップーン（Sopoong）は、韓国のネット系アントレプレナーであるイ・ジェウン（Lee Jae-woong）によって設立された。

東南アジアの国々は、ソーシャルファイナンスの発展に大きな可能性を秘めている。東南アジア諸国連合（ASEAN）は非常に多様性に富んだ国々であり、国の成熟度も千差万別である。シンガポールの1人当たりのGDPは58,871ドルであるのに対し、カンボジアは1,787ドル、ミャンマーは1,138ドルである。シンガポールが地域のフィランソロピーのハブとしての地位を確立し、国内のベンチャーフィランソロピーやインパクト投資のモデルを発展させていけば、ASEAN全体の社会的投資の発展に戦略的に貢献していくだろう。

ベンチャーフィランソロピー・ファンドのなかには、野心的なソーシャルカンパニーに対して、資金面以外の支援を行うものもある（これはファンドというよりも、仲介者としての役割といえるが、第三者の資金を仲介することも多い）。

スタートアップ（インド）は、ソーシャルアントレプレナーを創業のシーズから実証段階まで育成支援しているが、直接の資金提供は行っていない。SEHub は、シンガポール・ポリテクニックと共同で起業を支援するインキュベーターを運営し、メンタリングやその他の非財務支援を提供するとともに、適格企業には投資ファンドを紹介する役割を果たしている。エコシステムのマッピングのなかで最大のグループは、実現可能性を支援する仲介者すなわち中間支援事業者であ

る。これは、市民社会組織、ソーシャルカンパニー、フィランソロ
ピーが急速に発展している地域では当然のことといえよう。仲介者
は、民間セクター、政府部門、また NPO など非営利組織等の多様な
アクターをまとめる重要な触媒である。ここ5年から8年の間にア
ジアでは多くの年次会議が開催され、その招集力はソーシャルカンパ
ニーや新しいフィランソロピーのモデルへの幅広い関心を醸成してい
る。ビジネススクールやビジネス教育の関連機関は、この地域が「ビ
ジネスのダイナミクスによってソーシャルグッドを行う」という新し
いフィランソロピーを覚醒するうえで重要な役割を担っている。ソー
シャルカンパニーやソーシャルファイナンスに関する学術的な研究に
加えて、ビジネススクールでは、カリキュラムにソーシャルアントレ
プレナーの組織理論を組み込むことや、民間企業ではなく、ソーシャ
ルカンパニーやベンチャーファンドに焦点を当てた実践的なプロジェ
クトをケーススタディとして学びたい社会人の要望に応えることが多
くなっている。インドのハイデラバードにあるインド・スクール・オ
ブ・ビジネスには、新興市場ソリューションセンターがあり、社会人
学生に BOP アプローチを提供する。アジアの一部の国では、株主が
株主価値の一部として、社会的・環境的影響の達成を求めており、民
間企業に勤務する社会人に経営者教育プログラムを運用開発する機運
がある。

4.3　ソーシャルファイナンスの発展の道筋

　アジアでは、フィランソロピーが急速に発展していることは先に述
べたとおりである。グローバル化が進むなかで、個人富裕層やプロ経
営者が運営する財団などのフィランソロピー実践家は、北米や欧州
（さらには南米やアフリカ）でのさまざまな議論やモデルに触れてい

る。ベンチャーフィランソロピーやインパクト投資は、持続可能な社会的価値の創出を求めるうえで、アジア各国で発展段階にある。また、アジアにおけるアントレプレナー向けソーシャルファイナンスの軌道は、複数の要因に影響される。たとえば、

- ベンチャーフィランソロピーやインパクト投資のモデルやネットワークが、米国や欧州からアジアへと拡大する。ネットワーク社会が形成される世界において、これらの手法が採用されたり、適応されたりすることは疑う余地はない。低所得者層を抱えるアジアの国々は、資金力を持つソーシャルカンパニーが提供するBOP型の商品やサービスの市場となる。GIIN、Toniic、EVPA、AVPNは、ベンチャーフィランソロピーやインパクト投資家が国境を越えて情報収集や資金調達を行うことを精力的に支援している。

- ソーシャル・アントレプレナーシップの世界的な気運の高まりが続く。アジアの社会・環境問題をアントレプレナー的な手段で解決しようとする新しいビジネスモデルが試されている。この分野は、ビジネススクールでも課題として取り上げられ、実践的教育が行われており、若いアントレプレナーたちは、ソーシャルカンパニーを伝統的なビジネスに代わる実現可能な選択肢と考えている。その成長発展のために、彼らは、アジア全域で幅広く公共政策の支援を受けていく必要がある。

- 世界の富の創造の中心になるアジアに関して、フィランソロピーは公的な議論のタブーではなくなり、資産管理者にとってはアドバイザリーサービスを提供するうえでの重要な地域となっている。アジアのフィランソロピー活動家は経験を通して自信を深め、自分たちの活動を拡大している。アジアの新興富裕層の実業家は、早い段階で、自らの才覚と事業との関連性を高めながら、

フィランソロピー活動をスタートさせている。

- 金融資本と社会的イノベーションや企業がマッチングする市場において、透明性、ガバナンス、効率性を求める声が高まっている。その結果、アドバイザリー、ビジネス・インテリジェンス支援、ブローカー、人材サービスなどを提供する中間支援事業者が増えている。

- アジアのいくつかの国の政府は、より「進取の気性に富む」非営利セクターを受け入れている。新しい組織のハイブリッド性を認識し、国境を越えたフィランソロピー資本の流出に留意しつつも、より社会的な金融規制や税制環境を提供する必要がある。

- アジアにおけるプライベートエクイティの成長発展が認められる。欧州では、米国以上にアントレプレナー向けソーシャルファイナンスが、個々のジェネラル・パートナーやその運用会社が、プライベートエクイティのコミュニティと強く結びついている。欧米では、プライベートエクイティは成熟産業であり、個人に多大な資産をもたらしている。一方で、アジアでは、プライベートエクイティはまだ資産をもたらしているとはいえず発展途上である。アジアの投資家のフィランソロピーへの関与は、個人資産が相対的に不足していることで抑制されている可能性がある。

- アジアの富の創造におけるファミリービジネスの中心的な位置づけについて、この地域のフィランソロピーは、ファミリーという単位と、その伝統的・現代的な寄付に対する考え方によって左右される。世代間の事業承継や富の移転が、新たにグローバルな視点を有した 3 代目、4 代目の世代の海外での経験と結びつき、家族および企業のフィランソロピーに新たな表現がもたらされるだろう。

- 政治的、財政的、国家の規制に一定の調和がとれている欧州においても、フィランソロピーは文化、宗教、国家観に基づいて寄付

寄贈のパターンは国ごとに異なって発展してきている（Tayart de Borms, 2005）。アジアは地理的に広大で、多様な文化、宗教、政治的な伝統風土が大きく異なり異質多元的である。このような複雑性や多様性にもかかわらず、フィランソロピーはミーム（人から人へと広がる行動スタイル）[12] であり、その伝達と解釈はテクノロジーの進化、人々の往来、ネットワーク、関心のあるコミュニティを通じて加速されている。洋の東西を問わずに広がりをみせていくだろう。

- アジアのフィランソロピー財団は、国内や地域でのネットワークが十分ではない。たとえば、インドや中国の財団が、自国内よりも米国の財団と強いつながりを持ち、アイデアを共有していることは珍しいことではない。また、アジアと米国、アジアと欧州の結びつきが強い一方で、アジア諸国の相互影響には文化的、歴史的な障壁があることが多い。これは学習の障害であり、AVPNのようなネットワークには、アジア諸国間の経験学習の流れを強化する役割を果たすことが求められる。

　アントレプレナー向けソーシャルファイナンスの成長が促進される一方で、効率的に機能するエコシステムのなかで、アジアにおけるアントレプレナー的で、社会的目的を持つ組織が長期的な成長発展を果たしていくには課題が残る。ソーシャルアントレプレナーへの投資市場が比較的確立されているインドを除き、ほとんどのアジア諸国では、ベンチャーフィランソロピーやインパクト投資ファンドの絶対数が少ない、またはまったく活動していない国もある。アジア各国は、ソーシャルアントレプレナーへの創業期の支援から、商業ベースのリスクを踏まえてリターンを確保するインパクト投資まで、すべての投資をカバーできるファンドのクリティカルマス（普及率が一気に跳ね上がる分岐点を指す）を目指す必要がある。資本供給が不足している

と、アントレプレナーが革新的なアイデアを着想し実証に持ちこみ、さらにその先の拡大につなげることが難しくなる。初期段階で行われる助成金の提供は、投資領域全体において重要な役割を果たすが、しばしばリスクマネーと誤解されることがある。個人のアントレプレナーや初期段階のベンチャー企業がフィランソロピーからの支援を受けていなければ、後発のインパクト投資家は、十分なディールフロー（投資機会）を得ることはできない。アントレプレナーがベンチャーを立ち上げる際に友人や家族を頼りにするのと同様に、ソーシャルアントレプレナーはアイデアを実現するための重要な初期段階において、フィランソロピー資金などのリソースを利用できるようになる必要性がある。ベンチャーフィランソロピー・ファンドは単独で運営されているわけではなく、アントレプレナー向けソーシャルファイナンスの市場全体の効率性に相互に依存しており、需要、仲介、政策が効果的に発動され機能していくべきである。

　仲介組織は、社会的インパクトと費用対効果を示すことができる新世代のフィランソロピー財団やソーシャルカンパニーを育成することができるだろう。仲介者は、企業が組織の発展のあらゆる段階で、適切な資金調達と非財務的助言を提供することができる。質の高い非財務的助言などのサービスは、ベンチャーフィランソロピーやアクティブ・インパクト投資ファンドが、アントレプレナーに提供できるリソースとして重要な差別化要因である。助言はファンドのスタッフやコンサルタントが提供できるが、アジアのプロフェッショナル・サービスファームや企業人材、ビジネススクールの教員など広く活用することも重要である。このような人材は、多視点からのアドバイスを提供するため人材資源バンクとして組織化されることが求められる。

　政策立案者と規制当局は、より広範な社会開発政策の一環として、アントレプレナーが社会的成果をもたらすことができるよう一貫した環境整備をする必要がある。アジアではより多くのベンチャーフィラ

ンソロピーやインパクト投資ファンドを開発するとともに、これらの
ファンドはネットワーク化され、さまざまなタイプの組織や段階に積
極的に投資を行うことが必要である。アジアのフィランソロピーは、
欧米の旧来型モデルを飛び越え、新世代のソーシャルアントレプレ
ナーに対してより効果的なイノベーションを提供することができるだ
ろう。

　アントレプレナー向けソーシャルファイナンスの次のフェーズに
は、以下のような特徴がある。

- 他のベンチャーフィランソロピーやインパクト投資ファンド、グ
  ラントメーカー、コミュニティ財団、政府関連ファンドとの連携
  強化を図る（共同出資やシンジケーションの仕組みを含む）。
- 大規模な人脈を有するファンドの結集力を利用し、特定の戦略的
  な社会問題の外延に複数のステークホルダーを集結する。

　ネットワークやコラボレーションを活用することによって、社会に
システミックな（全体に影響を及ぼすような）変化をもたらすことが
できる（Marks & Wong, 2010）。このようなモデルは、カニア＆ク
ラマーがコレクティブ・インパクトとよぶもので集合知を意味し、各
分野で特定の社会課題の解決に対してアクターが、知見を持ち寄って
解決策を模索し、より深く幅広いインパクトをもたらすモデルである
（Kania & Kramer, 2011）。

4.4　研究のさらなる進展

　この章の目的は、グローバルに展開されるアントレプレナー向け
ソーシャルファイナンスについて、特にアジアでの最近の動向を踏ま

えて紹介することである。ソーシャルファイナンスのエコシステム
は、ベンチャーフィランソロピーやインパクト投資を含んでおり、
ソーシャルアントレプレナーの世界的な台頭と密接に関係している。
これらの分野は、広くフィランソロピーに関心を持たれており、アジ
アにおいても、海外のファンドがアジアへの投資を求めさらに進化し
続けると思われる。アジアにおける新しいフィランソロピーモデルの
発展をモニターしていく必要がある。

　さらなる研究の深化が求められる領域は、アジアのアントレプレ
ナー向けソーシャルファイナンスの進展を定量的、定性的に追跡する
ことである。

- ファンドの数とそのポートフォリオの追跡・類型化（ファンドの
  規模、投資方針、手法、出口戦略に関するデータを含む）を調査
  する。
- ファンドが投資先にどのような非財務的サービスを提供している
  か、また、品質保証、社会的組織に対する民間企業の貢献、投資
  が成功した場合の付加価値サービスの有効性などを検証する。
- ベンチャーフィランソロピーやインパクト投資ファンドとその投
  資先が、現在利用可能な、あるいは開発中のさまざまな測定基準
  を用いて、組織パフォーマンスと社会的インパクト測定を実証す
  る。
- 戦略的パートナーシップやドナーサークル、より協力的なモデル
  への進展の可能性を調査する。
- ベンチャーフィランソロピーやインパクト投資における投資家と
  受益者の関係における透明性、ガバナンス、パワーバランスに関
  する問題を検証する。
- アジアのフィランソロピーにおけるリーダーシップの課題を探究
  する。

- ソーシャルアントレプレナーがスケールアップと持続性を獲得するためのソーシャルファイナンスモデルが果たす役割を調査する。

［注］

1 ケーススタディの全文は John（2015）の p. 67 に掲載。
2 ケーススタディの全文は、John, Chia & Ito（2017）に掲載。
3 ケーススタディの詳細は John（2014）参照。
4 無限責任を負う最低 1 名のジェネラルパートナー（GP）と、有限責任のリミテッドパートナー（LP）とによって組織される形態。LP は有限責任である代わりに、経営に参加できないという制約がある。参考：証券用語解説集、野村証券ホームページ。
5 このほかインパクトエンジェルの事例に関して、Asia's Impact Angels: How Business Angel Investing can Support Social Enterprise in Asia, John（2015）参照。
6 社会や公益に貢献することを行っている企業に発行される民間認証制度。米国ペンシルヴァニア州の非営利組織「B-Lab」の考案による。
7 Corporate Philanthropy in Asia 掲載のケーススタディを編集。Innovations that unlock the resources of business for the common good, John, Chia and Ito（2017）参照。
8 元請け業者が施設建設と機材設置、試運転等を完了し、鍵を回す（＝ターンキー）ことで稼働できるその状態で引き渡す請負を指す。このファイナンスをターンキー・ファイナンスという。https://www.dbj.jp/glossary/ta.html 参照。
9 上掲稿 John, Chia and Ito（2017）参照。
10 https://avpn.asia/list-of-members 参照。
11 1 人当たり GDP の購買力平価は ASEAN ウェブサイト www.aseansec.org 参照。
12 ミームとは、文化のなかで人から人へと広がっていくアイデア、行動、スタイルのこと。

参考文献 ··

John, R., (2014). "Virtuous Circles: New expressions of collective philanthropy in Asia," *Entrepreneurial Social Finance Working Paper*, No. 3. NUS Business School, Singapore.

John, R., (2015). "Asia's Impact Angels: How business angel investment can support social enterprises in Asia", Entrepreneurial Social Finance Working Paper, No. 4. NUS Business School, Singapore.

John, R., Chia, A., & Ito, K. (2017). "Corporate Philanthropy in Asia: Innovations that unlock the resources of business for the common good." *Entrepreneurial Social Finance Working Paper*, No. 5, NUS Business School, Singapore.

Kania, J. & Kramer, M. (2011). "Collective Impact," *Stanford Social Innovation Review*, Winter 2011. Stanford, CA. Stanford University.

Marks, J. & Wong, P. (2010). *Catalysing Systemic Change: The Role for Venture Philanthropy*. Coller Institute of Private Equity. London, London Business School.

Tayart de Borms, L. (2005). *Foundations: Creating impact in a globalized world*. London, John Wiley & Sons.

Zhao, M. (2012). "The Social Enterprise Emerges in China," *Stanford Social Innovation Review*, Spring 2012. Stanford, CA. Stanford University.

ベンチャーフィランソロピーの世界に転じて以降さまざまな実業家と出会った。2001 年に知己を得たスティーブン・ドーソンもその 1 人である。ドーソンは、ベンチャーキャピタルで成功したキャリアを持ち、長い間、伝統的な寄付者としてチャリティを支援してきた。彼のおかげで、ベンチャーフィランソロピーとは、ベンチャーキャピタルが小企業を中堅企業に成長させるのと同じようなものだということが分かる。

1　ベンチャーキャピタルとベンチャーフィランソロピー

その類似点は以下のとおりである。

- 両者とも、申請を待つ受け身ではなく積極的に投資先を探し、起業家や優れたアイデアを有する若手ビジネスパーソンを支援する。
- 両者とも、潜在的な投資案件に対してデューデリジェンスを行う。広範囲にわたって起業の背景や事業のシーズを入念にチェックし、起業家のビジネスプランの検討や実現可能性を精査する。
- 投資が承認されると、ファンドがコミットするリソースとパフォーマンスのマイルストーンを示す契約書（ベンチャーキャピタルではタームシートとよぶ）を作成する。
- どちらも積極的な投資家であり、非財務支援を提供し、役員や経営陣として参加することで資金調達に付加価値を与える。

　一方で、明確な違いもある。

- ベンチャーキャピタルが株式を購入するのに対し、ベンチャーフィランソロピーは購入しない（ソーシャルカンパニーが株式会社として運営される場合を除く）。
- ベンチャーキャピタルは、投資に対して複数の財務的リターンを得ることができるエグジット（新規株式公開やセカンダリーセールなど）を期待する。一方でベンチャーフィランソロピーの報酬は、社会的価値の創造であり、ソーシャルビジネスや非営利組織の成長を支援することで、より大きな社会的インパクトを期待する。

　ドーソンは、ベンチャーキャピタル・コミュニティの数人の仲間とともに、2003 年にインペタス・トラストを設立した。これは英国初の近代的なベンチャーフィランソロピー・ファンドである（ウインはその何年も前から同様のアプローチを試行していた）。

2　Speaking Up の成長の軌跡

　では、英国におけるベンチャーフィランソロピーの実例を紹介しよう。

　私が現在居住する大学都市ケンブリッジで設立されたスピーキングアップ（Speaking Up）という組織を例にあげたい。この組織は、学習困難な青少年少女を支援し、人生や仕事で最大限の可能性を発揮できるように支援するソーシャルカンパニーである。スピーキングアップは、弱い立場にある若者たちに、自信を持たせ、雇用を実現するという革新的なアプローチを開発した。初期の成長段階では、多くの小規模な慈善団体によくみられるものであった。財団や一般市民から少額の助成金を多数集めることに時間と労力を要し、成長はゆるやかであった（このような資本コストの高さは一般によくみられる）。創設者である社会起業家クレイグ・ディアドン・フィリップスは、よ

り多くの拠点で多くの若者に支援を行うことで、社会的影響と規模を
拡大したいという野心を有していた。フィリップスは、スピーキング
アップが、助成金に依存した慈善事業モデルから、サービス契約やコ
ンサルティングを通じて収入を得ることができるソーシャルカンパ
ニーへ進化発展する可能性があることをおぼろげながら自覚した（実
際に、学習困難な若者たちが成長し、経験をレクチャーするコンサル
タントになるという革新的なアイデアである）。フィリップスのビ
ジョンは、組織の発展において「一歩進んだ変化」を模索するもので
あり、助成金（小切手）ではなく、アイデアを実現するための投資と
助言を必要としていた。スピーキングアップが規模的にも影響力のあ
る全国的な組織になるためには、ゆっくりとした漸進的な歩みから抜
け出し、ダイナミックに展開していく必要があった。

第1段階（組織結成）：1994年の設立から1998年まで、ケンブリッ
ジでボランティア主導のコミュニティ組織として運営。

第2段階（緩やかな成長）：1998年に登録チャリティ団体となり、
2002年までは一般市民から助成金や資金を募り、緩やかな成長をと
げる。第2段階以降はベンチャーフィランソロピーの投資によって
成長する。

第3段階（拡大発展）：スピーキングアップの最初のベンチャーフィ
ランソロピー・パートナーであるインペタス・トラストとの間で
2003年から08年まで5年にわたるパートナーシップが締結された。
インペタス・トラストの投資により、英国内に複数の地域センターが
設立され、スピーキングアップのプロジェクトを全国的に拡大するこ
とができた。この段階で、スピーキングアップは、助成金のみに依存
するチャリティ団体から、手数料収入を得るソーシャルカンパニーへ

と移行した。ベンチャーフィランソロピーの投資により、スピーキングアップはより強く、より大きく、より社会的影響力のある組織となった。

第4段階（合併による成長）：より多くの受益者をより効果的に支援するために、スピーキングアップは次の段階の成長を必要とし、そのために2つ目のベンチャーフィランソロピー・ファンドであるブレイクスルー・ファンドと提携した。ブレイクスルー・ファンドは、プライベートエクイティ・ファームであるペルミラとのパートナーシップにより設立されたソーシャルカンパニーの規模拡大を支援するファンドである。2009年、ブレイクスルー・ファンドは、スピーキングアップの第4段階の合併による成長に向けて投資を行った。そして、スピーキングアップはアドボカシー・パートナーズと合併し、ボイスアビリティ（Voiceability）という新しいソーシャルカンパニーを立ち上げた。

　このような投資をフォローアップ投資とよぶが、営利企業ではよくみられるもののソーシャルビジネスではまだ珍しいものである。企業の成長段階に応じて適切なリソースを投入することができる強力なモデルになりうるだろう。

3　ベンチャーフィランソロピー
　ベンチャーフィランソロピーの事例を2つあげてみよう。1つ目は企業と連携したベンチャーフィランソロピー財団、2つ目はギビングサークルである。

3.1　エーデルワイス・グループ
　インドの金融サービス企業で、1995年にスタートアップ（ベン

チャー企業）として発足し、現在では 130 都市に 6,000 人以上の従業員を擁する大企業になった。エーデルワイスは、株式公開前からすでに、小規模な企業寄付を散発的に行っていたが、2007 年に株式公開した際には、元最高財務責任者（CFO）が中心となって、エーデルギブ基金を正式に立ち上げた。エーデルワイスは、会社を設立した際の革新性と起業家精神を企業のフィランソロピー活動にも取り入れたいと考えた。

エーデルギブ基金は、本能的にベンチャーフィランソロピーを活用し、従業員のエンゲージメントとあわせて、教育や生活福祉分野でより強力に NGO を支援しようとしたのである。エーデルギブ基金は、社会的インパクトを拡大できる可能性のある少数の NGO と協力して活動している。2008 年以降 NGO100 団体に 600 ドルを寄付し、エーデルワイスの従業員の 40％が参加、12,000 時間にわたるボランティア活動を行っている。たとえば、NGO のアーガンは、インド国内の養護施設に暮らす子どもたちの健全な養育のために活動している。この団体は、複数の拠点に業務を拡大するために、情報システムをアップグレードする必要があった。エーデルワイスのビジネスソリューション事業部のボランティアチームは、児童養護施設向けクラウドベースのモニタリング用ツールを設計し、リアルタイムでデータ収集と分析を可能にした。これにより、アーガンはインドの 10 州で活動を展開することが可能になった。これは、企業と連携したベンチャーフィランソロピー・ファンドが、スタッフの技術スキルを動員して行ったプロボノの好事例である。NGO の直接的なニーズを満たすだけでなく、スタッフのモチベーションやチームビルディングを強化するもので皆が利得を受けるものとなった。

ベンチャーフィランソロピーは、さまざまなプレイヤーが実践できるアプローチである。エーデルギブ基金は企業連動型のベンチャーフィランソロピー・ファンドの一例である。

3.2　ギビングサークル

　ベンチャーフィランソロピーのアプローチは、なにも財団や専門的なファンドだけが実践するものではなく、個人が共同で活動することでも行動を起こすことができる。全員参加のフィランソロピーの概念である。ここ最近で最も興味をそそられたイノベーションの１つが、アジアにおけるギビングサークルであった。人々が集まり、資金を集め、どの非営利組織を支援するかを決めることは、強力な集団的フィランソロピーの実践といえる。

　３年にわたる調査では、アジアの 10 カ国で約 70 のギビングサークルが登録されている。ギビングサークルの詳細は、ウェブサイトGiving Circles Asia を参照してほしい。

　ギビングサークルの重要なメッセージは、非営利組織に資金を提供しメンバーがフィランソロピー活動の重要性を理解し、実践することでメンバー自身も成長できることである。サークルメンバーがお互いに、支援する非営利組織とかかわることで生まれる教育効果もある。実践によって得られる知の創造といえるだろう。

　これまで説明してきたように、ベンチャーフィランソロピーは資金提供とアドバイスを組み合わせ、非営利組織やソーシャルカンパニーが社会的インパクトを拡大できるように支援するものである。一個人がベンチャーフィランソロピーのファンドになることは容易ではないが、個人が一緒に行動することは可能である。調査したギビングサークルのなかには、ベンチャーフィランソロピーのような形態で非営利組織と連携しているものもある。

　ベンチャーフィランソロピーの要諦を再度整理しておこう。

- ベンチャーフィランソロピーとは、資金提供とアドバイザリー支援を組み合わせたエンゲージメントのあるアクティブなモデルで

ある。

- 非営利組織の成長と発展を加速させ、社会的インパクトを高めることを主眼とする。
- 専門ファンド、民間や企業財団などの組織、またギビングサークルを通じた個人によって実践されている。
- ベンチャーフィランソロピーは、欧州、アジア、アフリカのネットワークを通じてグッド・プラクティスを共有する。
- エコシステムを有効に機能させるためには、仲介者（中間支援事業者、プラットフォーム、ネットワーク、政府自治体、アカデミア）やNPO・NGOなどのサービス実行者が重要な役割を果たす。

　これまで多くの人々との出会いに恵まれ、そして支えられ環境問題や貧困問題、人間の安全保障、平和紛争解決、さまざまな地域から、問題解決に取り組むフィランソロピーの実践者と知己を得てきた。
　彼らの支え手としてアントレプレナーソーシャルファイナンスの重要性を訴求し、実践に結びつけていくことが私の役割であり責任であった。
　ソーシャルファイナンスの知力に加え、また謙虚さや利他心を兼ねそなえた人材教育に私の生涯を献じていきたい。私自身もカルチャー・メンティス（心の耕作）に励んでいくことを皆さんの前でコミットしたいと思う。

第**5**章

ギビングサークルによる
市民参画型フィランソロピー

5.1 寄付とギビングサークル

　市民の善意を束ねる集合体を同好会活動として展開しているのがギビングサークルである。本章ではわが国においてはまだその概念が浸透しているとはいえないこの活動に着目し、寄付文化の背景をふまえ、欧米、アジア諸国の現状を整理し、わが国におけるギビングサークルの組成課題を考察していきたい[1]。

　寄付の文化が根付く欧米との対比のなかで、日本にはその文化がないといわれてきた。それはデータでも裏付けられる。2016 年調査における日本の個人寄付は 7756 億円であるのに対し、米国の個人寄付は 30 兆 6664 億円であり日本の寄付額は米国の 2.5％程度である[2]。この 5 年後の 2021 年調査では、日本の個人寄付額は 1 兆 2126 億円と前回から 1.5 倍増となっている。寄付を増やすための政策として政府は法整備を実行してきたことが奏功している結果ともいえる。

2006 年に公益法人制度改革、2011 年に新寄付税制、さらに 2012
年の改正 NPO 法も後押しとなり、寄付に対する優遇税制の対象団体
は大幅に増加した。また、確定申告によって寄付額のうち最大 50％
が還元されるようになった。個人の寄付意識にも変化がみられる。
2011 年の東日本大震災を契機に、被災地を支援する個人寄付は約
4400 億円にのぼり、多くの日本人がなんらかの形で義援金として寄
付を行ったと推定される。1995 年の阪神淡路大震災や 2011 年の東
日本大震災、さらに頻発する豪雨災害などこれら一連の自然災害が国
民の意識を変える契機となったといえる。

　ではなぜ寄付は必要なのか。そもそも社会的な課題の解決に対して
税金が投入されるべきではないかと考えられる。ところが、現実には
課題を政策として立案施行するまでに相当な時間を要していることが
分かる。すなわち、問題に直面した当事者が声をあげ、市民活動家や
NPO が問題を取り上げ、活動を本格化してから実際に制度として反
映されるまでには長い年月がかかるのである。たとえば、待機児童の
問題が世間の注目を集めるきっかけとなった SNS による「保育園落
ちた日本死ね」という投稿があった。2016 年 2 月にインターネット
の交流サイトに投稿され、野党議員が国会で取り上げ、大きな社会問
題となった。これに対し、国会答弁において当時の首相は匿名の投稿
であり、実在を確認できないとして事態の鎮静化を図ろうとし問題が
エスカレートした。その後社会的に大きな問題となり、投稿が呼び水
となり待機児童の解消に向けて政府は各種政策を展開していった。
2018 年 4 月時点の全国自治体の保育所等の利用定員は 2017 年度か
ら 9.7 万人増加し 280 万人となった。「保育園落ちた日本死ね」の
投稿から 2 年が経過し、政府や自治体による問題解決の取り組みが
本格化している。投稿がきっかけではないという見方もあるが、議論
が活性化したことは確かである。

　この例からも問題が発生し、解決のために NPO をはじめとした各

種団体が声をあげ市民運動が起こり、自治体が腰をあげ社会の仕組み
として定着するまでには相当な時間がかかることが分かる。初期段階
では、NPO や市民活動家による地域問題を拾いあげる取り組みが鍵
となる。そしてその活動を支える原資としてボランティアや民間から
の寄付が必要となる。待機児童問題は世間の耳目を集めたが、ほかに
も多くの社会問題が同様の軌跡をたどってきた。

　性暴力や DV の被害者女性を一時保護するシェルターが開設され
たのは 1980 年代であるが、「配偶者からの暴力の防止及び被害者の
保護に関する法律」いわゆる DV 防止法の施行は 2001 年になって
からである[6]。この法律が施行される 2 年前、1999 年 10 月に埼玉県
桶川市で発生したストーカー殺人事件[7]は、松村（2007）によれば法
律施行の後押しになったという[8]。事件の翌年 2000 年には、「ストー
カー行為等の規制等に関する法律」が制定された[9]。これも長期間に
わたる市民運動の結果と考えられる。このように、問題の発生から法
制度の施行までの期間に市民活動家や NPO の財務面を支えるのは、
寄付や会費、ボランティアなどの民間資源である。

　民間資源をいかに集めるかという課題は、わが国のフィランソロ
ピー文化をどのように醸成していくかという観点とも密接に絡むこと
であり重要なものといえる。本章では寄付文化を基盤としたギビング
サークルの形成と定着を目的として考察する。

5.2　ギビングサークルの意義と概要

　寄付といえば、大企業や富裕層による大口の寄付がマスコミに取り
上げられるが、一般市民による寄付も前節でみたように近年増えつつ
あり、市民が自らの手で支援先に寄付をするという形態も増えてきて
いる。しかしながら、市民にとっては寄付をするという行為が目的と

なり、その後寄付金がどのような使われ方がされているかについての関心は必ずしも高くないものと考えられる。寄付は手段であり、目的は、いうまでもなく社会問題に対する支援であるはずである。一般的に自ら寄付先を選定し寄付を行うことは、一般市民にとってハードルが高い場合もありうるが、サークルのような同志のグループを形成し、NPO や福祉施設に支援を行っている人たちが存在する。個人寄付をプールし自分たちが寄付したい団体を選択し寄付を実行するサークルもある。これらがギビングサークルとよばれる活動である。もとは 1990 年代にアメリカにおいて活動が始まったとされ、2004 年時点で全世界に約 200 組織が確認され、2009 年時点で約 500 組織に増えている。ジョンによると、アジア地域においては 2014 年時点で 37 組織、2017 年時点で 66 組織が確認されている（John, 2017）[10]。ただしこの数値は公式に確認されているサークルのみであり、非公式団体の実態は判明していない。コミュニティ基金や政府が主導で組織されている例もあり、将来的にもさらに成長の可能性を秘めている。個人単位で寄付をするよりも多様な視点が生まれ、また支援の継続性が生まれる。また、個人では捕捉が困難な支援先の成長度合いをとらえることが可能になる。

　ベアマンは、ギビングサークルを市民が地域社会の問題により関心を高め支援していく仕組みと定義する（Bearman, 2007）[11]。ジョンは、相互に関心を寄せる組織を支援するためのリソースをプールすると定義している（John, 2018）[12]。また、別の表現として、ギビングサークルの目的は非営利組織に対する間接的強化あるいは能力向上のための支援（John, 2017）[13]と解説する。ギビングサークルは、「寄付やボランティア活動を通して地域社会の問題に取り組もうとする私たち一般市民の考え方を変えること」（Eikenberry and Bearman, 2009）[14]という見方もある。

　寄付白書 2021 では日本における性、年代別の寄付者率を公表して

いる。これによると、20 歳代を除いて全世代で女性の寄付比率が男性を上回っている。その差は、30 歳代、40 歳代では僅差であるが、50 歳を超えると、女性の寄付比率は男性と比べて約 6 ポイント開いてくる。寄付を通じて何らかの形で社会の役に立ちたいと考える 50 歳代以上の女性が同世代の男性よりも多いとみることができる。また、女性は社会問題に対する共感力が高く、それが寄付行動として表れているという見方ができるだろう。

　地域問題へのアクセスは、男性よりも女性の方が親和性は高い。共感性に対する性差の研究では、社会の問題に対する共感指数は女性の方が高い傾向があるという研究結果がある（Cook and Saucier, 2010）[15]。また、総務省の労働力調査によると、45 歳から 64 歳の正規雇用で働く女性は約 410 万人、非正規労働は 661 万人であり、1000 万人を超える女性が職業を通じて社会的接点を有している[16]。

　1986 年に施行された「男女雇用機会均等法」[17]以降に社会人となった女性は、現在 50 代半ばにさしかかっている。この世代の働く女性の 1 つの特徴として、仕事や家事、育児、介護などを担ってきたからこそ、退職後は好きなことに時間を使いたいという考えをもつ層がいるといわれる。仲間との交流や趣味、社会貢献などが含まれてくるだろう。とりわけ、定年後のキャリアや生き方を考える層にとっては、社会貢献活動は身近なテーマとして選択肢に浮上してくるものと考えられる（藤原・杉澤 2015）[18]。一部の富裕層による寄付は、いつ、どのタイミングでどこに寄贈されるか見通せないが、一般市民が形成する社会貢献のサークル活動としてギビングサークルが普及することは継続性のあるファンドレイジングになりうる。

　ここでは寄付の重要性とともに、寄付の男女比率から女性が社会問題に対する共感が高いとされる背景について触れてきた。つづいてギビングサークルの発祥とされる米国の発展過程について考察していきたい。

5.3 米国におけるギビングサークルの発展

ギビングサークルの先行研究として著名な米国ネブラスカ大学公共管理学部アイケンベリー教授は、米国におけるギビングサークルの特徴を図表5-1にまとめている（Eikenberry, 2009）[19]。

個人が資金を出し合い、地域の非営利組織に資金を提供するフィランソロピー活動は、米国ではよく知られ、また学術研究も行われている（John and Phil, 2014）[20]。地域社会において博愛的な集団的慈善行為は世界中に存在してきたが、米国のフィランソロピーの歴史、とりわけギビングサークルの活動は、1990年代半ばから発展し、2000年代初めには、フィランソロピーの活動支援団体や研究者の注目を集めるのに十分な規模に達した（John, 2014）[21]といわれる。

地域助成団体協議会（Forum of Regional Associations of Grantmakers）[22]は、2004年に200のギビングサークルの事例を特定した。この調査をもとに、アイケンベリーらは、ギビングサークルは定義が難しく、その形態や性質は一様ではないが、一般的に5つの主要な特徴に集約されるとしている（Eikenberry and Bearman, 2009）[23]。

図表5-1　米国におけるギビングサークルの5つの特徴

1) サークルメンバー間では必ずしも同額寄付は求めない。
2) 公式・非公式を問わずサークルメンバーに対する倫理面の教育が必要になる。
3) 社会的接点が生まれ、コミュニティの諸問題の解決にコミットする。
4) 支援するNPOなどとの関与が高くなる。
5) いずれかのフィランソロピー組織とは結びつかず、独立した活動をする。

出所：Eikenberry（2009）dataset of up to 188 giving in 2005、筆者訳出。

図表 5-1 に、その特徴をまとめている。別の表現として、

① 　資金をプールし供出する。

② 　フィランソロピー活動とコミュニティの課題を共有する。

③ 　社会的側面を意識する。

④ 　メンバーを引き込む。

⑤ 　サークルの独立性を維持する。

ということができる。

　女性コレクティブギビング助成金提供団体ネットワーク（The Women's Collective Giving Grantmakers Network）はアメリカ 18 州にまたがり 38 のギビングサークルが加盟する。また、インパクト 100（Impact 100）は 16 の都市に支部を持ち、ソーシャルベンチャー・パートナーズ（Social Venture Partners、以下 SVP）は 27 の支部を持つことが調査から分かった。また、ギビングサークルのメンバーが関与する意思決定や助成金の管理の程度はさまざまだが、非営利組織に対して非財務的サポートを行うことをサークルメンバー全員が期待しているわけではない。例外の 1 つは SVP である。SVP の支部はフィランソロピー団体と同様に、助成金や専門知識の助言、非営利組織へのメンター支援など包括的なパッケージを提供している。

　アイケンベリーらは、米国において 26 のギビングサークルとその会員 341 人を対象にアンケート調査を行っている（Eikenberry and Bearman, 2009）[24]。そしてギビングサークルに参加することによって、個人のフィランソロピー活動と市民活動に肯定的な影響を与えるという結果を得た。ギビングサークルのメンバーは、対照群と比較してより集中的かつ戦略的な方法で、多くの時間を費やし寄付を行っていることが明らかになった[25]。フィランソロピー活動や非営利組織、地域社会の課題に関する知識は、活動の結果として増加したことも明

らかになっている。「フィランソロピーの実践のためのラボの役割を
ギビングサークルは果たしている[26]」という。

　つづいて具体的な活動をみていきたい。

　2005年にハリ・リーによって設立されたアジア女性ギビングサー
クル[27]は、アジア系アメリカ人女性が中心となって活動し、主に芸術
文化プロジェクトを支援している。メンバー25人は、年間2,500ド
ルの寄付を行う。資金は自分たちのポケットマネー、友人や知人から
賛同を得て集めた寄付金の束である。2017年は総額で89,000ドル
（約979万円）を8団体のNPOに寄付している。助成をめぐって討
議が活発に行われ、その活動によってメンバー間の結束が深まりより
強いコミュニティに発展させることができているという。メンバー同
士は互いに深く結びつき、共同体となって問題を一緒に解決してい
く。彼女らは、半ば冗談気味に「クイーンズにマンションを見つけて
一緒に住むべき」というくらいに結束している。ギビング（寄贈）を
行うプロセスを通じて、よりよい貢献をしていくことをコミットする
サークル（同好会）活動であり、メンバー同士の連帯感が深いことが
特徴である。フィランソロピーの実践のためのラボの役割をギビング
サークルは果たしていることを端的に示しているものである。

5.4　アジア太平洋におけるギビングサークルの発展

　アジアにおいて慈善の伝統は何世紀にもわたって存在しているが、
「特定の社会的な利益をもたらすために組織化された慈善活動の概念
は比較的新しく、現在いくつかの国で急速に発展しておりこの10年
間でギビングサークルは拡大を続けている」（John and Phil, 2014）[28]
という。ジョンらは、アジアにおける事例を検証し、欧米から持ち込
まれたモデルに基づいたギビングサークルがあることを発見してい

る。一方で、ギビングサークルの数は増える可能性は高いが、相対的にフィランソロピーのエコシステムが脆弱なためその発展を妨げていることも指摘している。「社会を変革させるためには、環境問題をはじめとした社会問題に高い関心を有する成果志向を意識した寄付者による草の根のフィランソロピー活動が重要である」[30]と語る。ジョンらの考察から、ギビングサークルは、一般市民が地域社会において非営利活動を通して社会問題に取り組むNPOやソーシャルカンパニーへの財務的支援を提供することで、フィランソロピーを発展させる仕組みとなる可能性がある。

5.4.1　アジア太平洋における社会貢献

　アジア太平洋フィランソロピー・コンソーシアムの最高経営責任者が、この地域全体のフィランソロピーに関する統計は存在しないと述べている（Tolentino, 2010）[31]。これはアジア各国において収集されるデータには一貫性がないためである。アジア地域のそれぞれの国（特別行政区を含む）は、文化、言語、政治制度、経済が広大な距離を隔てて複雑に絡み合っている。このことから、北米や西欧においては、比較的発達したフィランソロピーの体系や寄付控除等の税制、フィランソロピー活動とその市民的関与、文化における位置づけに関する相当量の学術研究が存在するが、アジアにおいては研究は緒についたばかりである。

　アジアにおける寄付については、宗教への寄進（Quebral and Terol, 2002）[32]、近親者への寄贈（Mahmood and Santos, 2011）[33]などがみられる。しかしながら、多額の寄付あるいは定期的な寄付であっても非公式であり記録が残されていないなど、欧米諸国との統計比較はできない。規制制度に関しても、北米や西欧においての寄付税制やその他の優遇措置がアジア諸国の政府では整備されていない場合

が多い。また、慈善事業や社会事業が未発達のため、助成金や社会投資を包含する能力が限られており、資本と社会的介入を結びつける中間支援組織が少なく、フィランソロピーのエコシステムの重要なピースが完成していない（John and Phil, 2014）[34]という。しかし一方で、社会に対するフィランソロピーの重要性について、地域の人々の意識が高まっていることを示す研究もある（Tolentino, 2010）[35]。これは外国で教育を受けた子らの世代となり、彼らが行う企業経営やフィランソロピーの実践は、伝統的な寄付から、より意図的で専門化された、いわゆるインパクト型投資へ傾斜しており、寄付から社会的戦略性を考慮したフィランソロピーの推進へのシフト（Florent-Treacy and Carlock, 2009）[36]がみられる。

5.4.2　ダスラ（Dasra）

次にあげる事例は、ジョンの考察から引用したものである[37]。

ダスラはサンスクリット語で、「賢明な寄付」という意味を有している。2003年にインドのムンバイで設立されたベンチャーフィランソロピー基金である。伴走型支援による助成活動を行う先駆者であり、インドにおけるフィランソロピーのエコシステム（Dua, John and Soni, 2012）[38]を意図して事業を展開している。そして、社会起業家と富裕層向けの資金調達のマッチングを実践している。2010年に、第1回インド・フィランソロピー・フォーラムが開催された。これは高額寄付者向けのピアラーニング・プラットフォームであり、ダスラ・フィランソロピーサークル（Dギビングサークル）イニシアティブが編成された。これによると当初3年間で、ダスラは7つの独立したギビングサークルを立ち上げ、87人の寄付者を集め、マネージド・ベンチャーフィランソロピー・ファンドとギビングサークルを組み合わせたハイブリッドモデルによって420万ドルの資金調達を

行っている。ダスラに所属する研究者チームは、社会問題の包括的な
マッピングとセクター分析を発表した。成果の計測が可能な運用モデ
ルを作成し、問題に対しどのようにアプローチすればよいかを研究し
た。研究者チームは、特定の社会問題に強い関心を有する富裕層のメ
ンバー 10 人に協力を申し出た。1 人あたり年間 100 万ルピー（約
220 万円）を 3 年間集め、プールされた 3000 万ルピー（約 6600
万円）のうち 85％を非営利組織の活動資金として供出した。残りの
15％は、プロジェクト・サポートチームによる 250 日間の技術コン
サルティング、トレーニングなどの研修費用にあてた。このサポート
チームがギビングサークルを形成していくうえで必要な技術ノウハウ
を提供し、ファンドレイジングのために有効な方法を示唆していく指
導役となっていった。いわばギビングサークルの地域における先導師
といえる。

　ギビングサークルのリーダーは、寄付先の非営利組織各団体に対し
て四半期ごとに電話会議やバランスト・スコアカードによる分析報告
を促し、組織の活動成果と社会的影響をモニターしている。またダス
ラのコンサルティングチームは、非営利組織の経営陣に対し各種の助
言を提供した。ギビングサークルへの資金提供者のほとんどはインド
人の個人ドナーであるが、いくつかのサークルはインドと外国の助成
財団によって運営されている。3 年間で寄付金 3000 万ルピー（約
6600 万円）を集める集金力はアジアで最大級のものであり、米国の
ギビングサークルの一般的な個人献金よりもはるかに多い。ダスラの
ビジネスモデルは、機関投資家のベンチャーフィランソロピー・ファ
ンド、たとえばセクター調査、デューデリジェンス、専門的コンサル
ティング、バランスト・スコアカード、パフォーマンス測定、集団的
な意思決定とドナー教育等の特徴を組み合わせたものである。このモ
デルでは、メンバーがプロセス全体に関与し必要な投資決定を行うプ
ログラムを提供する。これらはダスラがベンチャーフィランソロピー

として、受動的に資金を提供する単なるドナーサークルではないこと
を示すものである。

5.4.3　100人の女性ケアラー・シンガポール（100 Women Who Care-Singapore）

　シンガポールのアメリカンスクールで教師をするケリー・マク
ファーゼンは、出身地のカナダで暮らす妹から100人の女性ケア
ラー[39]のチャリティイベントに出席し深い共感を得たというメッセー
ジを受けた。ケリーの妹は、個人の思いが連鎖することで大きな変化
を起こすことができるというカナダのギビングサークルのメンバーの
主張に心を揺さぶられたという。妹の思いを受けとめたケリーは、友
人とアイデアを共有し、2015年にシンガポールにおいて地元コミュ
ニティへの貢献を目的に100人の女性ケアラー（シンガポール）を
立ち上げた。シンガポール在住の外国人が中心のコミュニティである
ため、メンバーは転勤などによって入れ替わりが激しい。しかし、そ
の活動理念は引き継がれていき、常時60～80人が在籍している。目
標はサークルの名前にちなんで100人以上の女性が参加することで
ある。どの団体に寄付をするかは、年2回開催される総会によって
決定する。自薦他薦のNPOが、自分たちの活動内容や実績、今後の
事業計画をプレゼンテーションする。その後、匿名投票によって勝者
を決定する。勝者は、当日メンバーから集められた1人あたり100
シンガポールドル（約7,500円）×参加人数の総額をすべて受け取る
ことになる。過去4回の会合で集められた寄付額は5,500シンガポー
ルドル（約41万円）から7,900シンガポールドル（約56万円）の
範囲であった。これまでの受給者には、メイク・ア・ウィッシュ財団
（Make a Wish）、グッド・フォー・ホーム（Good for Home）、チュー
ブ・オブ・ラブ（Tubs of Love）、トランジェント・ワーカーズ・カウ

ント・ツー（Transient Workers Count Too）などがある。100人の女性ケアラー（シンガポール）は、1回の会合で、100人の女性メンバーからそれぞれ100シンガポールドル（約7,500円）を受け取るというコンセプトを次のように表現する。

1 hour×100 Women×S$100＝Making a difference（変化をもたらす）

ギビングサークルの特徴は、メンバー同士で寄付先を決め、活動にコミットしていくことである。寄付を通じて社会貢献活動に取り組むNPOやソーシャルビジネスを支援するフィランソロピーの新たなアクターである。

5.4.4　その他のギビングサークル

フォーカス・インド・フォーラム（Focus India Forum）は、シンガポール在住のインド人を対象としたギビングサークルである。メンバーは250人で、このうち180人は定期的に寄付を行っている。ダスラが会員による比較的高額の寄付に焦点を当てているのとは異なり、フォーカス・インド・フォーラムは会員に対し毎月20ドル（約2,200円）の寄付を求めている。多くの会員はボーナス支給月にはプラスアルファの金額を寄付している。2002年に活動を開始して以来、インドの非政府組織（NGO）に124,000ドル（約1364万円）の支援をしてきた。また、古着やおもちゃ、本などを回収し配布をしたり、生活に困窮するシンガポール在住の南アジア出身者に寄付を行ったりする。この団体は、ボランティアが運営する非公式の寄付団体であり、正式な登録はしておらず、海外への寄付に対する税額控除の対象にもなっていない。

ファースト・シーズ・ファンド（First Seeds Fund）は、ジェンダーに特化したギビングサークルである。オーストラリアのビジネスウーマンのための専門ネットワークであるリトル・ブラック・ドレス・グ

ループ（Little Black Dress Group）と連携している。ファースト・シーズ・ファンドは、シドニー・コミュニティ財団のなかのサブファンドとして 2011 年に設立されたもので、寄付に対する税額控除が行われている。活動範囲を地理的に限定せず、オーストラリア全土で展開している。このサークルは当初、シドニー郊外の貧困地区で働くウォリック農場の若い女性を支援することに重点を置いていた。そして生活に困窮する家庭で暮らす少女たちを支援する NPO に対し助成金の交付と資金獲得のノウハウを提供している。メンバーは、就学率、学業の向上などを成果目標として、財務、非財務の支援をする。現在 25 人のメンバーがおり、また連携先のリトル・ブラック・ドレス・グループのネットワークのメンバーとともに、ファンドレイジングのイベントを随時行っている。

　西オーストラリア州パースの 100 Women WA（100 人の女性たち・西オーストラリア）は、2014 年 3 月に設立され、年間 1,125 ドル（約 124,000 円）の寄付金を集めている。これまでに累積した寄付をもとに社会的に弱い立場にある成人女性や少女を支援する非営利組織に対し、年間最大 4 万ドル（約 440 万円）の助成金を 3 件支給している。

　ニューデイ・アジア（New Day Asia）は香港を拠点とするギビングサークルである。アジアにおいて性風俗産業で働く女性を救済したいと考えていた香港人実業家によって始められた。このサークルは2007 年に 8 人の友人たちが集まってはじめたもので民間事業者として登録し、6 年後には、法律事務所など企業パートナーから出資を得て 425,000 ドル（約 4700 万円）の資金を調達した。ニューデイ・アジアはボランティアの機会や現地訪問を通じて、非営利組織のスタッフにプロボノ[40]サポートを提供している。たとえば、カンボジアの人権 NGO などが支援する非営利組織と協力して、ニューデイ・アジアが実施した法律相談サービスがきっかけで香港の児童性犯罪者の

起訴につながった例がある。このようにニューデイ・アジアのメンバーは、インド、カンボジア、中国、ネパールの NGO への資金提供や、ボランティア活動を行っている。一度に支援する NGO の数を減らす一方で、それぞれの NGO との関係をより深め、経営管理等のアドバイスを提供している。ニューデイ・アジアはベンチャーフィランソロピーモデルへと発展しており、集めた寄付を基にした助成を通じて受益者に大きな影響を与えている（Grossman, Appleby and Reimers, 2013）[41]。

5.5　ディスカッション

5.5.1　組成の目的と手段

　ギビングサークルの発展、そしてアメリカやアジアの事例をみてきたが、わが国においてギビングサークルをいかに発展させていけばよいか、その手段や目的を図表 5-2 に示した。ギビングサークルの上位の目的を、社会の課題に対して、どのように向き合っていくかというコミットメントとした。ギビングサークルは課題を解決するための手段であり、その取り組みを資金提供者として支える。政府や自治体によって解決が図られない、いわゆる隙間の課題に対応するのは地域に拠点を置く NPO の領域といえる。そしてその資金を提供する担い手を広く養成することが重要である。そのためギビングサークルが各地で組成されていくことが望まれる。その手段としてマスコミやSNS、教育現場、ビジネスコンテスト等を通じて社会的な課題への関心を深め、課題に向き合うことの重要性をアピールする。これらを自治体、企業、財団、大学や研究機関がさまざまな形でサポートしていくことが重要である。

図表5-2　ギビングサークル組成の目的と手段

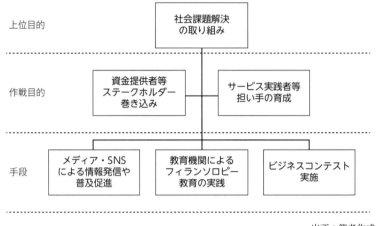

出所：筆者作成。

　政府が、官民共同でギビングサークルを立ち上げ、そこに一定の公金支出を図ることも考えられるだろう。民間財団や企業は、初期費用の供出や運営の標準化といった取り組みで後押しを図ることができるだろう。大学や研究機関としての貢献は、ギビングサークルの費用対効果の検証を含めたエビデンスベースのNPO支援と政策形成へ向けてのアプローチの検証などが考えられる。また、これらの活動から実際にNPOの仕事に魅力を感じて関与する人材が出てくることも考えられる。ギビングサークルは、それ自体は新しい概念ではなく、寄付行為をグループで組織化していくものである。これまではサークルを主導するリーダーによって率いられていくケースが多く、同質性の高いメンバーが集まった場合に起こる思い込みなどの偏向が発生する可能性も否定できない。ギビングサークルが組成された後も、組織運営が軌道に乗るかどうかは引き続き課題として残るだろう。わが国のギビングサークル活動は緒についたばかりであり、寄付の文化を組成するためには、後押しをする自治体をはじめとした多機関の連携が必要

である。また、市民が共感し応援したくなるストーリーをどのように分かりやすく伝えるか、その役割はとりわけ重要である。これは、社会の木鐸であるべきマスメディアに組成のためのアクターとして参加を求めていきたい。多様なアクターが相互に影響しながら地域コミュニティにおける連帯感を生み意識を主体化させる役割を担うことにつながるものと考えられる。

5.5.2　資金面の可能性

図表 5-3 に示すように、日本における個人の金融資産は 2021 年末の資金循環統計によれば 2023 兆円であり、そのうちの約半分 1092 兆円が現金預金とされている。将来への漠然とした不安が資産を抱え込むという心理を招いていることが考えられる。これらのう

図表 5-3　わが国家計の金融資産 2023 兆円の内訳
(2021 年 10〜12 月期の資金循環統計、単位：兆円)

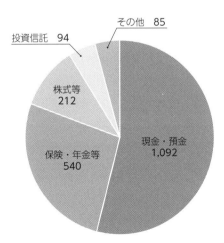

出所：「家計資産、初の 2000 兆円台　昨年末 4.5％増」
毎日新聞東京本社 2022 年 3 月 18 日付朝刊経済面 8 面。

ち、わずかな金額でも社会貢献のための善意に回れば、眠る貯蓄が生きたお金になる。現金預金を活用した経済の活性化とセットで、「貯蓄から善意の投資へ」向かう政策が求められる。

5.5.3　ギビングサークルがもたらす可能性

ギビングサークルはNPOに対して事業費用を助成するソーシャルファイナンスの一部であり、ソーシャルビジネスやNPOの活動における支え手である。また、富裕層のフィランソロピーとの対比において、一般市民によるフィランソロピーと位置づけることができる。ギビングサークルは、少額の寄付を持ち寄り活動する財務面のサポーターというべき存在である。一部の富裕層による慈善活動だけではなく、市民が能動的に参画するギビングサークルは、多くの自発的な行動を誘発する舞台装置としての役割も果たす。

なお、ギビングサークルの効果測定については、アイケンベリーやカーンらの先行研究がある（Eikenberry and Bearman, 2009[42]; Kahn, 2007[43]）。彼らが指摘するのは、サークルへの参加を通して社会課題と非営利セクターへの関心が深まったことである。社会課題の共有に貢献することは、洋の東西は問わない。わが国においては、ギビングサークルという言葉そのものが認知されておらず活動自体も少ない。しかしながら、活動がないから関心が低いということではない。自治体や大学、民間財団による研究会を通じて、組織化の道筋をつけることが重要である。わが国には、寄付の文化がないと冒頭で書いたが、市民の寄贈によって町のインフラや学校の設立が図られたことは史実が示している。

公共の課題に対して、多様な担い手がさまざまなアプローチでアクセスすることは、豊かな市民社会の形成に貢献するものである。また社会関係資本が充実していくことで、公助、共助につながっていくも

のである。市民同士が地域の社会問題に対処する契機となるのがギビングサークルであり、政府や自治体が率先して、サークルの形成を後押しすることが望まれる。

Q&A　質疑応答

Q：ギビングサークルは、慈善団体に寄付される資金のほんの一部を占めるにすぎないということですが、寄付金額だけでは測れないネットワーク形成によって社会関係資本が構築されるとあります。どういうことなのか聞かせてください。

A：社会関係資本については、パトナムの研究が有名です。人と人とのつながり（ネットワーク）、規範、信頼が、人々の協力を促進し、社会を円滑にする関係性と論じています（Putnam, 2006)[44]。また、アイケンベリーらは、「フィランソロピーを実践するためのラボの役割をギビングサークルは果たしている」と論じているように、ギビングサークルの活動が社会ネットワークの形成と促進に貢献しています。社会関係資本の構築は、これらによって多層的に積み上げられるということがいえるでしょう。本章では、米国やアジアにおけるギビングサークルの歴史に関して、実践事例を交えながら考察し、また、わが国の金融資産の活用の可能性について注目しました。これは政府や民間財団等がギビングサークルの組成にさらに関与を深めることの重要性についての問題提起です。さらに、多機関連携による草の根のサークル活動がわが国のフィランソロピーの様相に変化をもたらす可能性があることを掘りさげていく必要があることを付け加えておきたいと思います。

　本章は、『経営戦略研究』（Studies in business and accounting）Vol. 13、pp. 43-55、2019 に掲載した内容を一部加筆修正したものである。

［注］

1　ギビングサークルを Google Scholar で検索すると 14 件ヒットするが、いずれも寄付サークルではない。英語で Giving Circle とし、論文タイトルに含まれる条件設定で検索すると書籍 1 件を含めて 16 件がヒットした。2020 年 4 月 23 日閲覧。

2　日本ファンドレイジング協会「日本の寄付市場の現状」、http://jfra.jp/research、2021 年 4 月 5 日閲覧。

3　日本経済新聞電子版「震災支援、国民の 4 人に 3 人寄付総額 4400 億円民間調査」2012 年 2 月 13 日付、
https://www.nikkei.com/article/DGXNASDG08029_T10C12A2CR8000、2018 年 10 月 10 日閲覧。

4　毎日新聞東京本社 2016 年 3 月 12 日付朝刊内政面 5 面社説、「保育園落ちた」親の怒り、政治を動かす。

5　厚生労働省「保育所等関連状況取りまとめ」平成 30 年 4 月 1 日、https://www.mhlw.go.jp/content/11907000/000350592.pdf、2018 年 10 月 10 日閲覧。

6　平成 13 年 10 月 30 日付、発出者：内閣府男女共同参画局長参照。

7　毎日新聞電子版 2020 年 2 月 2 日「令和のジャーナリズム同時代史（4）桶川ストーカー殺人事件の重い教訓」、
https://mainichi.jp/articles/20200131/k00/00m/070/122000c、2018 年 10 月 10 日閲覧。

8　松村歌子「DV 防止法の改正とこれからの被害者支援」『関西福祉科学大学紀要』第 11 号、2008 年、163-188 頁。

9　厚生労働省「ストーカー行為等の規制等に関する法律」平成 12 年 5 月 24 日。https://www.mhlw.go.jp/content/000778842.pdf、2018 年 10 月 10 日閲覧。

10　John, R., "Circles of influence: The impact of giving Circles in Asia," *Entrepreneurial Social Finance in Asia*, Working Paper No. 6, Asia centre for social entrepreneurship and philanthropy, 2017, p. 16.

11　Bearman, J. E., "More Giving Together: An Updated Study of the

Continuing Growth and Powerful Impact of Giving Circles and Shared Giving," *Forum of Regional Associations of Grantmakers*, 2007, p. 1.

12　John, R., "Asian giving Circles come of age," *Alliance for philanthropy and social investment worldwide*, Vol. 23, 2018, p. 20.

13　John, R. 2017, *Op. cit.*, p. 9.

14　Eikenberry, A. E., J. Bearman, H. Han, M. Brown, and C. Jensen, "The Impact of Giving Together," *Forum of Regional Associations of Grantmakers*, 2009, p. 27-50.

15　Cook, C. M., and D.M. Saucier, Mental rotation, targeting ability and Baron-Cohen's Empathizing-Systemizing Theory of Sex Differences, *Personality and individual differences*, Vol. 49 Issue 47, 2010, pp. 712-716.

16　総務省統計局「労働力調査」https://www.stat.go.jp/data/roudou/、2018 年 10 月 10 日閲覧。

17　「雇用の分野における男女の均等な機会及び待遇の確保等女子労働者の福祉の増進に関する法律」1986 年（昭和 61 年）4 月 1 日施行。

18　藤原妙子・杉澤秀博「定年退職を経験した既婚女性の社会参加の意味付け」『老年学雑誌』第 5 号、55-71、2015 年、桜美林大学大学院老年学研究科。

19　Eikenberry, A.M, Giving Circles: Philanthropy, *Voluntary Association, and Democracy*, Indiana University Press., 2009, pp. 58-60.

20　John. R., and D. Phil, Giving Circles in Asia: Newcomers to the Asian Philanthropy Landscape. *THE Foundation Review*, Vol. 6:4, 2014, p. 79.

21　*Ibid.*, p. 81.

22　Rutnik. T, and J Bearman, *Giving together: A national scan of giving circles and shared giving.* Washington, DC: Forum of Regional Associations of Grantmakers, 2005.

23　Eikenberry, A. E., J. Bearman, (with H. Han, M. Brown, and C. Jensen), "The Impact of Giving Together: Giving Circles 'Influence on Members'," *Philanthropic and Civic Behaviors, Knowledge and Attitude*, Arlington, VA: Forum of Associations of Regional Grantmakers., 2009, p. 57.

24　*Ibid.*, p. 12.

25　*Ibid.*, p. 52.

26　*Ibid.*, p. 47.

27　Asian Women Giving Circle, http://asianwomengivingcircle.org, 2018 年 10 月 10 日閲覧。

28　John and Phil (2014), *Op.cit.*, p. 82.

29 *Ibid.*, p. 79.

30 *Ibid.*, pp. 83-89.

31 Tolentino., F. R, Asia and the Pacific: Creating a future through philanthropy. In MacDonald and L. Tayard de Borms eds., *Global philanthropy*, London: MF Publishing. 2010, p. 83.

32 Quebral, M., and N. Terol, Investing in ourselves: Giving and fundraising in Asia. Part 1, Manila, Philippines: Asian Development Bank. 2002, pp. 7-35.

33 Mahmood, M., and F. Santos, Family Philanthropy in Asia. *INSEAD and UBS Philanthropy Services*, 2011.

34 John and Phil (2014), *Op.cit.*, p. 79.

35 Tolentino (2010), *Op.cit.*, p. 83.

36 Florent-Treacy, E., and R. S. Carlock, R. S, *The Chen family: Succession through philanthropy and social entrepreneurship*, Paris: INSEAD, 2009.

37 John and Phil (2014), *Op.cit.*, pp. 83-89.

38 Dua, S., R. John, and P. Soni, "Exploring the venture philanthropy ecosystem in India. Mumbai, India," *Asian Venture Philanthropy Network*, 2012.

39 100 Women Who care Singapore, https://100womensingapore. wordpress.com/, 2019 年 3 月 31 日閲覧。

40 専門知識を提供することでボランティア活動に参加することをいう。

41 Grossman, A., S. Appleby, and C. Reimers, "Venture philanthropy: Its evolution and its future," *Harvard Business Review Report*, Boston: Harvard Business School, 2013.

42 Eikenberry and Bearman (2009), *Op.cit.*, pp. 27-50.

43 Kahn., E. H, Demonstrating Social Venture Partners' impact, *Social Venture Partners International*, 2007.

44 Putnam, R. D, Bowling Alone: The Collapse and Revival of American Community, Simon and Schuster, 2001. (柴内康文訳『孤独なボウリング ——米国コミュニティの崩壊と再生』2006 年、柏書房)。

第**6**章

ソーシャルインパクト・ボンド

社会課題解決の投資スキーム

　近年、ソーシャルインパクト・ボンド（以下 SIB）という言葉がメディアに登場することが増えてきている。SIB は、行政にとって成果報酬型ビジネスであり、このアプローチを社会実験として活用することが可能である。ただその仕組みはなかなか難しい。そこである年代以上の人には記憶の片隅にあるであろう「はなれ瞽女おりん」（水上勉著）に登場してもらい説明していきたいと思う。

6.1 「はなれ瞽女おりん」とNPO法

　物語は北陸の村に、女児が生まれたことから始まる。幼児のころ失明し盲目となった。山深い村でのこと、異常に気づいても医師に診せるのは容易ではない、そのような時代背景である。両親は生活に困窮し子をおいて行方知れずとなる。凍てつくような寒村の集落で村人が見つけ声をかける。その後成長し村人たちの斡旋で、瞽女宿で暮らす

ようになる。盲女に芸事を習わせ、藩が鑑札を与えて座を認め集団で芸能活動をしながら、生活の自立を促すという、今でいう自立支援の福祉政策が存在したのである。盲目の女性に三味線を弾かせ、歌を歌わせ一軒ずつ歩かせ喜捨を得て生活の糧を得るというものである。

　盲女のおりんは、6歳ごろに越後国高田藩（現在の新潟県上越市）にある瞽女を養成する施設に預けられる。その他多くの盲女たちは、多かれ少なかれ、幼児のころに捨てられ、村人たちの世話になりながら成長し、施設入りすることが多かったようである。捨て子があれば、村人たちが相談し、なにはさておき食事をさせた。また子どもが成長した村人に、お下がりがあるだろうといって衣服を用意させた。そして成長し年頃になると、この子をどうするかという話になり、瞽女にするしかなかろうとなる。村のリーダーが、里におりていくことの多い村人に、瞽女宿に話をつけてくるように命じる。障害者福祉政策が村人たちの相談で決まっていくというものである。お上（公権力のこと）が関与せずとも、村人たちの間で手配が進められていく。NPO法があるわけでも、近隣住民福祉法があるわけでもない。そういった社会がかつての日本における伝統的風土として根付いていた一例である。おりんの話は当時の障害を有する女性の暮らしを垣間見るうえで実に興味深い。紙数で数十ページほど哀しく美しい小説である、ぜひ一読をお勧めする。

　さて、この仕組みを制度化しようと、1990年代に自・社・さきがけ連立政権下において、社民党議員から当時の自民党幹事長加藤紘一氏へ働きかけが行われ立法化された。そして、1998年に議員立法としてNPO法が制定される。さまざまな社会的課題に対して、NPOが法人格をもって対応していくことの端緒といえるだろう。その後も超党派NPO議員連盟のメンバーがNPO法の改正に尽力していった。

　これまで家庭や地域で担ってきたさまざまな問題解決に行政の役割が求められている。昨今、ニートや引きこもりなどの若年無業者の就

労支援や養子縁組の斡旋といった課題にも行政の関与が求められる。これまでは社会問題とはならず、「はなれ瞽女おりん」の村人たちのように、地縁社会のなかで解決が図られてきたものであるが、地方の過疎化、核家族化によって従来の地縁や血縁にたよる問題解決方法は機能しなくなってきた。そこで、行政に問題解決が委ねられるようになってきたわけである。一方、行政がいかなる課題にも対応していくことは不可能である。そこで、官民連携により公益事業を運営することが求められていく。

　「はなれ瞽女おりん」における村人たちは、現代風にいえば、ステークホルダーが課題解決のタスクフォースに入ってくることを意味する。行政や民間、非営利組織の力量を束ねて、英知を結集しながら問題解決を目指すことが求められるわけである。そのためには事業資金が必要になる。その源泉は、地域金融機関が請け負い、事業を債権化し民間投資家に出資を募る方法が考えられる。民間投資家にとってはこのような投資は新たなフィランソロピー（社会貢献）への積極的参加につながるものである。さらに、公共支出に対するエビデンス文化の醸成にも貢献できる可能性がある。

6.2　SIB の登場

　もともと、ニュージーランドの経済学者が、1988 年にソーシャルポリシー・ボンド（社会政策債券）という特定の社会的目標が達成されたときにのみ償還される債券の概念を提唱したことが、原型のアイデアとなった。その後英国において第 1 号案件が実際に開始されるまで 4 半世紀近くを要している。SIB を推進するために社会投資タスクフォースという組織が 2000 年 4 月に英国政府によって設立、さらに 2007 年にはソーシャルファイナンス組織が設立され金融関係者

や政府の専門家チームが参加した。事業の目的は、社会的に不利な立場におかれた生活弱者にサービスを提供するための実践的アプローチの構築とされた。また、このなかで民間のファイナンスをいかに組み合わせるかという課題が浮上した。そして、目的達成に向けて新たな契約の枠組みを開発していくプロセスを経て SIB の誕生につながっていくのである。2008 年に発生したリーマンショックによる金融危機とそれに続く世界的な緊縮財政の影響を受けて、2010 年に英国首相に指名されたデービッド・キャメロンは、就任前年の 2009 年にビッグソサエティ（大きな社会）構想を表明した。これは、人々が共に、生活の改善のために助け合うことを核心的な概念としたものであり、いわゆる共助の概念である。また市民に大きな力を与えること、政府から地域コミュニティに権限を移すことを目指した。そのなかで、公共サービスの開放という政策があった。公共サービス改革によって、チャリティやソーシャルカンパニー、民間企業、協同組合などが競い合って、人々に質の高いサービスを提供できるようにする、また労働福祉プログラムによって、福祉手当の受給者を勤労者に変えるための支援を行うというものである。

　自治体への権限委譲や地域住民の行政への参画、民間非営利セクターの支援、これらが SIB を後押ししていった。社会投資スキームである SIB は、具体的には、従来行政の事業として実施してきた生活福祉の各種施策に関して、行政が NPO やソーシャルカンパニーなどのサービス実行者に委託し、民間投資家が資金を提供し、中間支援事業者が全体管理を行い、成果が導出できた場合にはじめて行政が資金を還元するという成果連動型事業モデルである。

6.3　SIB の始動

　SIB 第 1 号として英国ピーターバラ刑務所案件が 2010 年 9 月に実施された。元受刑者の再犯率の削減に焦点を当て、民間投資家 3 団体が資金を提供し、政府資金を活用しないスキームが形成された。刑期を終え出所した元受刑者に対して就職の斡旋やメンタルケアを提供し、非提供のクラスターと比較して再犯率の減少度を評価することでアプローチの有効性を検証するものであった。

　その後、政府の後押しによって、案件の組成が続いていく。政府自治体にとっての利点は、事業開始段階において起債などの費用の捻出は求められないこと、投資家にとっては成果が出れば元手は償還されるが、成果が出なくともフィランソロピーへの参加（別の言い方をすれば名声）という非財務的便益を確保できるというものである。またサービス実行者にとっては、無報酬の活動ではなく、サービスの対価を得られる仕組みであり、持続的に活動の幅を広げることが可能になる。OECD の定義では、SIB は、官民パートナーシップの一種とされ、政府、財団、企業等が資金の調達当事者として参加する成果連動型支払い方式とされる。

6.4　SIB のアウトライン

　SIB を組成するためのアクター（登場人物）を整理しておこう。図表 6-1 において、重要なアクターは全体管理を行う中間支援事業者やサービスの結果に対して評価を行う独立評価機関である。中間支援事業者は民間財団や専門の非営利組織が役割を担うケースが多く、SIB の司令塔として投資家を募り資金提供を受け、サービス実行者に

図表 6-1　SIB のアウトライン

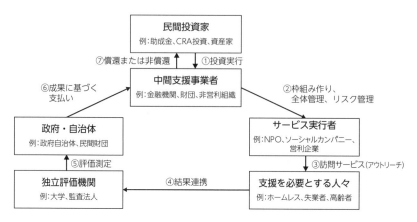

出所：OECD ホームページ、筆者訳出。

委託するという重要な役割がある。また、適正な評価を行う機関は大学や監査法人等の専門家が担当することが考えられる。

　2010年の英国第1号案件がスタートして以降、2019年末時点で、世界各国で138件が組成され、投資額は4億4100万ドル（約485億円）となっている。図表6-2に示すとおり、内訳は、就労支援が最も多く全体の32％を占め、続いて住宅問題17％、ヘルスケア16％、子ども支援14％、早期教育10％となっている。

　SIBを組成するまでの手順については、まず重要課題の見極めである。つづいて、課題を解決するための準備段階に入る。資金提供者やサービス実行者が集まるか等が組成の成否につながる。さらに、組成管理については成果指標の設定や評価を担う公正中立な専門家の存在も鍵となる。アクターがそろった時点で組成に向けてのキックオフが可能となる。生活困窮者にせよ失業者にせよ、弱い立場にある人たちに対して実行されるSIBは、サービスの受け手と担い手が抱く感情への配慮と記録が重要とされる。どういった事例によってポジティブ

図表6-2　SIB案件（138件）の内訳

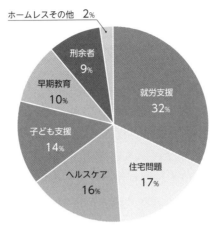

出所：ソーシャルファイナンスホームページ、筆者訳出。

図表6-3　SIB組成までの工程表

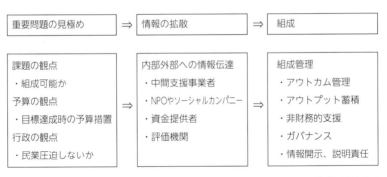

出所：筆者作成。

な感情が生まれるか、または逆に負の感情になるか、これらは成功を
導出するための重要な要素になるものと考えられる。図表6-3は、
組成までの工程を示している。

6.5　国内外事例

6.5.1　オランダ・ロッテルダムのケース

　海外事例のなかで就労支援ケースとして、ロッテルダム市で実施されたヤングビジネスクラブ（起業塾）を取り上げてみよう。ニートの若者に起業のノウハウを提供することで、社会からドロップアウトした若者を就業の場に戻すという取り組みである。ロッテルダムは、ヨーロッパ最大の港湾都市で有数の移民社会である。人口は約65万人、首都アムステルダムに次ぐオランダ第2の都市である。そして人口の半数近くが外国に出自をもつ。出身国は、旧植民地のスリナム（中米）が最も多く全人口の8.8％を占め、続いてトルコ系7.9％、モロッコ系6.6％、カリブ海のオランダ領アンティル3.6％と続く。国籍数は176にのぼり、人口の15％をイスラム教徒が占める。また、約4万人の子どもが貧困生活を強いられている。移民は経済基盤が弱く、職業選択の自由度に乏しいとされる。またホワイトカラー職を含めて正規労働の就職に門戸が閉ざされている傾向がある。それゆえに貧困と隣り合わせとなり、非行、犯罪の予備軍になりうる可能性を否定できない。そこで、ロッテルダム市は、オランダ最大のメガバンクABN AMRO銀行の投資を得て、ヤングビジネスクラブをサービス実行者として、移民家庭の失業中の若者を対象に、ビジネスへの関心を惹きつけ、自身で起業する可能性を後押しする取り組みをSIBの手法を用いて実施した。プログラムは、個人の適性に沿ってカリキュラムを選択し、キャリアプランを立案していくもので、大きく分けて3項目からなる。

　①　起業家スキルの養成：ビジネスマナーやマネジメントスキルを

獲得するコース

②　個人能力開発：責任感の醸成、被害者意識の払拭、自己管理や
　　現実的な目標設定や自尊心の向上などを獲得するコース

③　個人的な問題に対する支援：借金返済や薬物依存に対する治療
　　を行うコース

　これらの基本コースは教師と生徒という立場で行われ、その後はメ
ンター、メンティーとして個人の関心事項や適性に沿ってキャリアプ
ランを立てていく。このクラブは企業や団体への就職と並行して、起
業を支援しているのが特色である。ヤングビジネスクラブは、ある
きっかけによってオランダ全土でブレークした。それは国民的人気が
高いオランダ王室のマキシマ王妃がクラブを訪問し、生徒たちと交流
するニュースが全国放送されたことである。マキシマ王妃自身も国外
出身者（アルゼンチン）で、王室に入る前はニューヨークの金融機関
に勤務していた。現在は王室の一員としてさまざまな社会貢献、ノブ
レスオブリージュの実践をしていることで知られる。王妃が訪問し
たヤングビジネスクラブは大きな関心をよび、その存在が広く知れわ
たり、受講希望の問い合わせがくるようになったのである。こうして
在校生も注目を浴びるようになり求人企業が増えていく好循環が生ま
れた。

　SIB のプログラムはスタート以来順調に推移し、受講生 160 人の
うち 50 人が起業や就職を果たしており、現在 80 人が求職中である。
受講生の経済的負担はなく、また起業時にはスタートアップ資金の申
請が可能である。その結果、SIB として組成されたプログラムは設定
した成果目標をクリアし、ロッテルダム市から資金提供者の ABN
AMRO 銀行に対し、金利を含めた投資費用が償還された。ABN
AMRO 銀行にとっては社会貢献の投資を行い、企業イメージの向上
にも資するというメリットを得ることができたわけである。ここで

も、中間支援事業者が行政と資金提供者のコーディネーターとして、さまざまな橋渡し役を担ったことが大きいといえよう。また、王妃の視察をメディアが報道したことで、国民的関心が醸成されたことも後押しとなった。この案件の成功は次の展開につながり、ロッテルダム第2号案件とユトレヒト第1号案件が始動した。さらにオランダ南部のアイントホーフェンでもSIB案件が始まっている。若年失業者の就業支援の取り組みは、SIBのスキームで過去に組成事例があるが、起業支援はロッテルダム案件が初めてのケースである。若年失業者に働く意欲をもたらしたロッテルダムSIBは成功事例である。

6.5.2 滋賀県東近江市のケース

つづいて国内の事例をみてみよう。東近江市は2005年に周辺町村の合併によって誕生した自治体で琵琶湖東岸に位置する人口11万人、滋賀県内4番目の規模の都市である。また、近江商人発祥の地として知られている。近江商人をルーツにもち現代でも活躍する企業には、伊藤忠や丸紅といった総合商社や日本生命、また下着メーカーのワコール、百貨店の高島屋など大手企業が多数ある。さて、ここ東近江市で始まったSIB事業について紹介していこう。

自治体の補助金で行われる事業を成果連動型に転換し行政の歳出の有効性を高めるとともに、地域課題を解決する仕組みである。事業主体として公益財団法人東近江三方よし基金と地元の信金、京都の社会的投資を専門に行うプラスソーシャルインベストメント株式会社が協定を締結し、社会的投資（インパクト投資）と行政補助金を組み合わせた事業を行っている。近江商人が商いをするうえで大切にした経営哲学に三方よしというものがあるのはよく知られている。すなわち、「売り手よし、買い手よし、世間よし」を三方よしとよぶが、これは今日的表現でいえば、CSR（企業の社会的責任）の原型モデルとい

えるものである。世間よしは、社会的側面や環境面への配慮と言い換えることができるだろう。人権・多様性の尊重や社会貢献なども含まれるため、私たちがいままさに配慮していくべき概念である。

　さて、東近江市の取り組みは、2016 年にスタートし、7 期目に入っており、現在、図表 6-4 のような内容で行われている。それぞれの課題に対して、補助金を供出するにあたり、成果に連動したものかどうかを計測し、支出を行っている。これは、従来型の行政の補助金ではなく、出資者から資金提供を募り、事業期間後に目標をクリアすれば、行政がその元本を出資者に償還するものである。事業者にとっては、成果を達成できれば間接的に行政から投資を受けたという解釈となる。リスクは出資者が負うが、事業者も出資してくれた投資家に報いるため懸命に努力し事業を軌道に乗せようと奮闘することにつながる。

　SIB の要件となっているのは、東近江三方よし基金が、市民や市内事業者から出資を受けて出資先を決定し運用している点である。また社会的投資ファンドを取り扱うプラスソーシャルインベストメント株式会社（本社：京都市）と検討を重ねて、成果目標の設定や支援の仕組みを提供している。支援額は、案件によって異なるが、50 万円か

図表 6-4　東近江市 SIB 事業内容

・外国人学校の仕組みづくりプロジェクト（多文化共生）
・Happy Food Network プロジェクト（フードバンク）
・ガリ版伝承によるまちづくりプロジェクト（伝統文化継承）
・地元産ぶどうを活用したワイン醸造を実現する環境整備（アグリビジネス）
・地域で育む子どもの居場所づくりプロジェクト（子ども食堂）
・障がいのある子どもと保護者の未来応援プロジェクト（障害者福祉）
・政所茶の販路拡大・ブランディング応援プロジェクト（アグリビジネス）

出所：内閣府ウェブサイトほか参照、カッコ内筆者追記。

ら 363 万円である。この仕組みによって社会問題の解決と事業収益を計上し継続的なビジネスを可能にするソーシャルカンパニー（ソーシャルアントレプレナー）が育成されるという好循環が生まれつつある。

6.6　地域の社会課題を解決するために

SIB は、ソーシャルファイナンスやインパクト投資に重要な役割を果たしている。現在、多くの自治体が、これまでの公共サービスを代替する方法としてプログラムの組成に向けた検討を行っている。次に述べる項目は、地域において SIB を活用し、社会問題の解決を検討する示唆になると考えられる。

① 　さまざまな民間のステークホルダーと財務・非財務の資源を統合することで、自治体が資金を準備できない、あるいはリスクをとる準備ができていないケースにおいて社会的介入を可能にする仕組みであること。

② 　社会的介入の開発や提供に携わる人々（NPO やソーシャルカンパニーなど）にとって、より効率的な知見の共有や管理を可能にし、集合知が得られる仕組みになること。

SIB は、公金支出の正当性が保証されていない場合にも、実験的なアプローチとして社会的介入を実現する可能性を有するものである。SIB を適切に運営するためにはその仕組みと関係者への制度設計に対する説明が重要である。また、事業評価も重要であり、評価基準の明確化とともに、適切なデータ収集と複合的な視点の考察を行うことが必要になる。日本でも SIB への関心が高まり、2017 年以降本格的な展開が始まっている。一方で、研究者の間では、「当初は投資に注目

が集まり、加えて財政コスト削減が過大に強調されてしまった」こと
が指摘されている。さらに「現状では評価基準がシンプルすぎるこ
と、次に今後克服していくべき課題として出口戦略をどう描いていく
か」といった点で重要性が示唆されている。

　本章では、SIB の誕生と具体的事例について考察してきた。ロッテ
ルダムや東近江の事例は、すでに実践面の蓄積があり、メディアの報
道や多くの機関が連携することで得られる集合知、すなわち成功の方
程式が導出されている。財源確保に関して、財団や投資家も含め民間
事業者にとっては、企業イメージの向上という名声と財務的リターン
の両面を訴求できる。自治体や地域金融機関、財団が社会課題につい
て共感を得ることができるような問題提起のストーリーを市民に積極
的に開示していくことも必要になる。大学などの研究機関では問題提
起のための情報発信のあり方に関して研究を積み重ねていくことが求
められよう。さらに、SIB の普及促進に向けて、どのようなインセン
ティブがそれぞれのアクターにとり有効であるかについて研究してい
くことも求められる。

Q&A　質疑応答

Q：すべての人に健康と福祉を提供するため、その仕組みを考えてい
　　かなければならない、その手段として SIB が考えられるという
　　ことだと理解しました。税金がどのように使われているかを私た
　　ちがもっと関心を持っていく必要がありそうですが、SIB はその
　　良き先例になるということでしょうか。

A：ご理解のとおりです。SIB は、税の使いみちについてバラまきで
　　はない、エビデンスに基づく政策（Evidence based policy:
　　EBP）を実現する契機になる可能性があると考えます。また、地

域や共同体として再生を図るために、経済的な生活条件を向上させるだけではなく、社会的な連帯を深めることにつなげていく視差も必要です。社会の公正正義の実現のため、それぞれの立場でどんな役割が果たせるかを考えていきたいものです。

本章は、『経営戦略研究』（Studies in business and accounting）Vol. 12、pp. 70-90、2018 および、ながさき経済 Web に 2021 年11-12 月に連載した記事を一部加筆修正したものである。

［注］

1　第 1 項「はなれ瞽女おりんと NPO 法」に関しては、加藤紘一「日本社会の再構築と NPO の可能性」を参考にした。なお、NPO 法の成立に関しては、多数の市民団体の貢献があったことを付言しておきたい。
2　NPO は現在 5 万団体を超え、さまざまな領域で活動を展開している。保健・医療・福祉、社会教育、まちづくり、子どもの健全育成をはじめとした諸活動を行っている（内閣府 NPO ホームページ参照）。
3　ノブレスオブリージュとは、「高い地位にともなう道徳的、精神的義務」（『広辞苑』）とあり、高貴な身分の素養として重視されてきた概念である。現代社会に生きる私たち自身も正義感や倫理観などの素養を身につけることは豊かな人格形成にとって重要なテーマといえる。

参考文献

OECD ホームページ、https://www.oecd.org/cfe/leed/UnderstandingSIBsLux-WorkingPaper.pdf, P.5.

Social Finance ホームページ、http://SIBdatabase.socialfinance.org.uk/

加藤紘一「日本社会の再構築と NPO の可能性」非営利組織評価研究会編『日本の未来と市民社会の可能性』言論 NPO、2008 年、88-89 頁。

塚本一郎・西村万里子「ソーシャルインパクト・ボンドとは何か」塚本一郎・
　　金子郁容編『ソーシャルインパクト・ボンドとは何か ──ファイ
　　ナンスによる社会イノベーションの可能性』ミネルヴァ書房、
　　2016 年、41-73 頁。
東近江市近江商人博物館ホームページ、https://e-omi-muse.com/omishounin/
　　facilities1.html
内閣府ウェブサイト、東近江市版 SIB 事業概要：補助事業を成果連動型に転
　　換　https://www8.cao.go.jp/pfs/jirei/higashioumi01.pdf

第**7**章

フィランソロピー研究者
との対談

　行政や民間企業がサービスを提供できない領域において NPO が支援を提供する意義がある。いわゆる役所仕事といわれる杓子定規なサービスではなく、より個人に寄り添った支援ができるところに NPO の存在意義がある。しかしながら、NPO には小規模事業者が多く雇用の不安定さや報酬面の見劣りがみられる。少々古いデータであるが、2014 年度の内閣府調査によると、有給常勤職員数は、平均で 7.8 人、中央値で 3 人であり、職員内構成比（中央値）は、37.5%であった（有給常勤職員は、週 28 時間以上勤務するものと定義される）。すなわち 6 割以上が無給のボランティアということである。

　政府や民間が NPO をどのように支援していくかという問題は、1990 年代後半から今に至るも大きく変わっていない。一方で、民間企業の社会貢献に関する環境は、様変わりしてきているといえよう。1980 年代後半から企業における芸術文化支援活動であるメセナや企業の社会的責任（CSR）がブームとなり大きく取り上げられるよう

になった。また、これまでの慈善活動とは一線を画す方法として、共有価値の創造（Creating Shared Value: CSV）という考え方が登場し、ますます民間企業も公益に与する取り組みが求められるようになってきた。コーポレートシチズンシップの台頭である。2008年には、ビショップ＆グリーンによって『フィランソロキャピタリズム』が上梓された。フィランソロキャピタリズムを起業家的資本主義と位置づけ、起業家が有する市場原理的思考とその実践を応用することで、世界に横たわる社会問題に対処できるという考えを記している。アンドリュー・カーネギーやジョン・ロックフェラーらビジネスリーダーのフィランソロピーにかかわる歴史に触れ、つづいて、ビル・ゲイツやウォーレン・バフェットら現代の超富裕層のフィランソロピストの行動原理に焦点を当てている。2008年の刊行であり、リーマンショックに端を発した金融危機の直前の世界経済をベースとしているため、現代の資本主義に関する肯定的、楽観的な見方はぬぐえない。金融危機後の緊縮財政における政府予算の縮減は予期されていない。一方で著者は、企業経営者などの富裕層が、人類社会にとって信頼できる価値ある存在になるための利他的営みが肝要であり、それがフィランソロキャピタリズムであると定義する。フィランソロピー（人類愛）とキャピタリズム（資本主義）が組み合わされた造語であるフィランソロキャピタリズムという用語が使用されたのは、これが初とみられる。

　一握りのスーパーリッチ（富裕層）だけではなく、市井の人たち皆が参加し得る仕組みを構築することが重要と筆者は考える。ではそのためには、どのようなマネジメントやガバナンスが必要であるか、この問題を体系的に描写するのが、万民によって形成されるフィランソロキャピタリズムのフレームワークである。したがって、ビショップ＆グリーンの考え方とは明確に一線を画したものである。

　本章では、フィランソロピーの定義を民間における公益目的のヒ

ト、モノ、カネ、専門知識など知的財産の供与とする。そしてその供
与の対象として、社会課題を解決するために活動を行う NPO など非
営利セクターは有力な候補となる。フィランソロキャピタリズムに関
しては、ビジネスをとおして行われるフィランソロピーの諸活動が適
切に機能するためのガバナンスのあり方は重要な視点である。フィラ
ンソロキャピタリズムは、功罪さまざまな捉え方があるグローバル資
本主義に対して、一定の制御をかける役割を果たす概念であり、ポス
トグローバル資本主義といえる。これは本章において基盤となる考え
方である。

7.1　研究者対談とフレームワーク

　2 人の研究者へのインタビューをとおして、理論仮説として構築し
たフレームワーク（第 1 章参照）の検証を行った。インタビュー対
象は、本書共著者のロブ・ジョン博士とセントアンドリュース大学ス
クールオブマネジメント（経営学部）トビアス・ユング教授である。

7.1.1　ロブ・ジョン博士

インタビュー日時場所：
①　2018 年 7 月 20 日、英国ケンブリッジ・自宅
②　2019 年 1 月 31 日、京都市右京区太秦堀ケ内町・松竹撮影所

質問： フィランソロピーや社会貢献に関して属人的にならないような
　　　取り組みはあるか。
回答： 社会においてどのように定着させていくかという質問に置き換
　　　えた場合には、いかにソーシャルファイナンスの仕組みを作り

上げていくか考える必要がある。大学やビジネススクールにおいてアントレプレナーシップを学ぶ学生や社会人がこのような素養を身に着けた場合に社会におけるパラダイムシフトが期待できるのではないか。シンガポール国立大学を拠点として、アジア太平洋地域におけるソーシャルファイナンスのエコシステムを研究してきたが、その経験からいうと、日本にはアントレプレナーシップ向けソーシャルファイナンスは緒に就いたばかりである。世界で最も豊かな国の1つである日本では、国際的な援助プログラムも充実している。しかしながら、日本にはフィランソロピーが未成熟である。ソーシャルアントレプレナーへの関心の高まりと、超高齢化社会のさまざまな課題に取り組むソーシャルカンパニーの可能性は非常に大きい。これらを育成するためには政府部門を通じて政策形成を推進しベンチャーフィランソロピーやインパクト投資を活発化させる必要がある。いわばソーシャルファイナンスを政策ツールとして組織へ埋め込むことが属人的施策の回避として有効である。

質問: 現在の大学におけるフィランソロピー教育に関して教えてほしい。

回答: ビジネススクールは、ビジネスをしながらソーシャルグッドに取り組むための新しい方法を覚醒させる重要な役割を担っている。インドのハイデラバードにあるインド・スクールオブビジネス新興国課題解決センター（Centre for Emerging Market Solutions）では、社会人学生にBOPのアプローチを講義している。アジアでは、民間企業の経営者や幹部社員に対し、より積極的な社会的および環境的な貢献意識を育成していくという機運が高まってきており、ゆくゆくは経営者教育プログラムを開発する可能性があるとみられる。オーストラリアのスウィ

ンバーン工科大学アジア太平洋社会投資フィランソロピーセンターや北京師範大学第一財団慈善研究所は、学術研究や研究拠点としてフィランソロピー教育研究のフロントランナーである。アジア太平洋地域では急速にフィランソロキャピタリズムが発展している。持続可能な社会的価値の創造を目指す幅広い資本の一部として、ベンチャーフィランソロピーとインパクト投資がアジア各国で実験的に進展しており、その理論と実践を研究する大学教育はさらに広がりをみせている。これらの国々では研究と実践が相当程度進んでいるのが現状である。

質問: フィランソロピーの概念を大学等教育機関に移転することは可能と思われるか。

回答: 他のベンチャーフィランソロピーやインパクト投資ファンド、助成財団、コミュニティ財団、共同出資やシンジケーションの仕組みを含む法定（政府関連）資金提供者との連携強化を、教育の場に移転させることを国策として取り組む必要があるのではないか。特定の戦略的社会問題を中心に複数のステークホルダーをとりまとめていくには、大規模で緊密に連携したファンドの結集が必要である。2013 年に G8 社会的投資タスクフォースが、英国のキャメロン首相（当時）の発案により創設された。このなかで、社会的インパクト投資は、リスクとリターン、そしてインパクトという新たな座標を付け加えることで、よりよい社会を実現するための可能性を秘めていると報告書に記載されている。この領域は大学において研究の進化が求められる。また、マークス＆ワンがネットワークとコラボレーションを活用して、社会全体に変化をもたらすことが可能と論じる（Marks & Wong, 2010）。これは大学での教育研究も当然のことながら含まれる。カニア＆クラマーが提唱したコレク

ティブ・インパクト（Kania & Kramer, 2011）には、大学の参画が当然意図されているだろう。よってフィランソロピーの概念を大学に移転することは可能、否むしろ必須である。

質問: フィランソロピーのフレームワークに関して検証するため、類型化を次のように定めた。思考と理論、実践と手法、共創と結果である。この類型化について考えを聞かせてほしい。

回答: 興味深い視点である。まず、近似の考えは4M理論として論文に発表しているが、そこではアウトカムについて計測し、結果をみてインパクトすなわち変化量をとらえるという表現をしている。貴見は、「思考と理論」を前提に踏まえた点が特徴的である。価値の共創は非常に重要ではあるが、それをどのようにとらえるのか、往々にして上滑りの議論になる可能性があるため、具体的なケースをとおしておさえていく必要がある。供給サイドである財団や出資者と、需要サイドのNPOやソーシャルカンパニーがどのように価値を高めるかという視点にたてば、ソーシャルインパクト・ボンド（SIB）やベンチャーフィランソロピーが考察の対象になるだろう。

　図表7-1は、ジョンの4M理論と筆者の理論を対照にしたものである。具体的事例としてあげたものは、ジョンから考察対象に検討すべきテーマにあげられたものである。ただし、このなかで、モチベーションと思考・理論について、相似の概念であるかどうかは解明が必要である。

図表 7-1　フィランソロピーの概念図

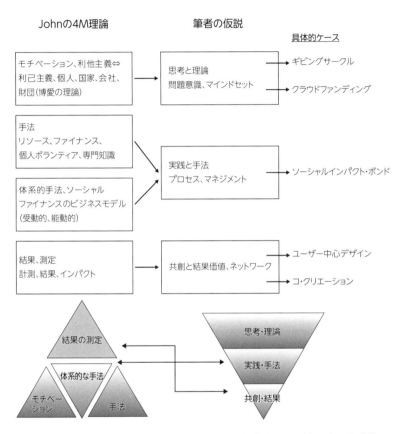

出所：左の三角形の図は John. R, R. Davies and L. Mitchell, Give and let give: Building a culture of philanthropy, London: Policy Exchange, 2010, pp. 9-16 を参考に筆者訳出。右図（逆三角形）は筆者作成。

7.1.2　トビアス・ユング教授

セントアンドリュース大学スクールオブマネジメント（経営学部）教授
インタビュー日時場所：
①　2018 年 7 月 16 日、セントアンドリュース大学経営学部研究棟

質問： フィランソロピーや社会貢献のポテンシャルをどう考えるか。
回答： 現在、セントアンドリュース大学でフィランソロピーと公共財
の関係、フィランソロピーによってどういった公共財の提供が
可能かを研究している。フィランソロピーは利他主義であり、
公共財への提供を通じて格差の是正につながるものである。富
裕層による社会貢献だけではなく、困窮者同士が共助すると
いったことも含まれる。また善行ばかりとはいえない面もみら
れる。2008 年に欧州で発生した金融危機以降、英国はじめ各
国政府は緊縮財政政策をとってきたが、その結果として限られ
た財源をどのように活用するか注目されるようになり、民間財
源の活用によって社会的インパクトの創出と財政の補完を担う
ことが期待された。そうせざるを得ない財政事情になったとい
うことである。民間財源は、どの問題に優先的にアプローチす
るべきかというアジェンダの設定や公共サービスの設計自体に
も活用される。その結果、政府が主導する公共サービスを民間
にさらに開放できるのではないかという議論がある。

　ユニークな事例がある。フィランソロピーによる都市再生で
ある。古くは、1960 年代の米国デトロイトにおける水道公社
の破綻と再生の事例である。また、最近でもデトロイトで長年
にわたって支援活動を行ってきたクレスゲ財団が中核となり、
複数の助成財団をつなぎ、ハーバード大学との社会連携を引き
出し、それぞれ資源を拠出しあいながらデトロイトの都市再生
に主体的な役割を果たした。フィランソロピーによる社会的な
意義は高いといえるが、一方で負の側面にも注意が必要である。

質問： フィランソロピーの批判的考察に関してはどう考えるか。
回答： 伝統的なフィランソロピーには批判もある。例示すると以下の
ようになる。フィランソロピーの失敗やアマチュアリズム、い

くら財源があっても専門知識がないため機能しない専門性の欠如、フィランソロピーの非効率性、教育や医療、犯罪防止、司法などの分野で効率があがらなかった例などがある。ゲイツ財団やロックフェラー財団のような超富裕財団が存在する一方で中小財団もある。財源が限られているため、善行ではなく最善の結果が得られるように、すなわち'doing good' to 'doing best' としてのビジネスモデルや組織経営の構築を図っていく必要がある。最善の結果を得られるようにするための実践として、①エンゲージド・フィランソロピー、これは水平的協力や協働によって解決を図る仕組みである、②ベンチャーフィランソロピー、これは非営利セクターに対する経営上の助言を行う取り組みである。財務支援と非財務支援がある。さらに③企業戦略的フィランソロピーがある。

　これらが土台となってフィランソロキャピタリズム（博愛資本主義）が誕生する。フィランソロピーが触媒となり、ステークホルダーを結合させフォーラムとして解決を図るものである。肯定的側面があれば、批判的側面もある。それは、フィランソロピーにおいて4つのMが機能しているかどうかということである。マネジメント、メジャーメント、マネー、マーケットの頭文字をとって4つのMである。需要（マーケット）に、資金（マネー）を投下して事業経営（マネジメント）を行い、その結果を計測（メジャーメント）することである。この分野は研究者として追跡調査をしていくべき領域と考えている。また、公共サービス改革を民間が担う場合には、誰が費用を負担するのかという議論がある。

　ファンドのような形態で、資金を募るのか、財団が銀行機能をもち投資を循環させるか、政府にしても、資金を提供するため起債をはじめとした措置がいる。また、民間資金の公的領域

への活用においては、その資金の正当性についても考えていかなければならない。英国では科学技術関係の基金にNESTAがある。その他財務モデルとしてマイクロファイナンスやソーシャルインパクト・ボンド、ソーシャルブリッジング・ファイナンスなどがある。これらを実現するためには組織が必要である。仲介役として中間支援組織も必要になるだろうし能力構築も求められる。

質問: フィランソロピー教育についてはどう考えるか。

回答: アンドリュー・カーネギーは、スコットランド出身の実業家でフィランソロピーの考え方を20世紀初頭に産業界にもたらした。表層の問題の解決ばかりではなく、むしろ戦略的なやり方を通じて、原因究明に取り組んできた先駆者である。いうまでもなくフィランソロピーには、エビデンスベースの取り組みとビジョンの共有が必要である。結果がうまくいかない場合は、原因を分析する必要がある。財源は寄付ではなく、投資と考える必要があるためROI（投資収益率）をみていかなければならない。フィランソロキャピタリズムにおいてはアウトカムを明確にしていく必要がある。一方で長期的解決にはつながらないという限界を認識することや権力構造、組織基盤などを整理するためにもどのように教育を行い、啓発するかについては将来的な研究課題である。注意しなくてはならないことは、フィランソロピーは現在の資本主義のあり方を肯定したうえで、富の再分配を政府に代わって民間が行っていこうとする行為である。そこには明示的なガバナンスが外部から働くことが求められる。市民参加のもとフィランソロピーまたはフィランソロキャピタリズムのあるべき姿を議論していくべきではないか。それらは大学教育において取り上げていくべきテーマである。

質問： フィランソロピーやフィランソロキャピタリズムは思考と理論、実践と手法、そして共創と結果の類型化ができるという仮説をたてたが、どう考えるか。

回答： フィランソロキャピタリズムの原理は、アウトカム重視であり、投資活動によってどれだけのリターンを生んでいるか、伝統的なフィランソロピーとは一線を画したところに存在意義がある。共創や結果が肯定的な意味合いだけではなく否定的な側面を有しているという留保をつけたうえで、類型化には論理的一貫性がある。否定的側面とは、結果がともなわなかった場合や共創（コ・クリエーション）が生まれなかった、または逆進性を帯びてしまったという考え方も成立するものと考えられる。いわゆるコ・クリエーションの失敗または棄損である。重要な点は、いかに基盤形成のための啓発、教育を深化させるか。これは大学教員をはじめとして研究機関の役割は大きいだろう。思考と理論を出発点に持ってきたことはその意味において意義は認められる。

7.2　インプリケーション

研究者へのインタビューを通じて得られた示唆は次のとおりである。

ジョンは、社会的投資の側面からフィランソロピーを考えることを指摘し、また教育の場に移転させるためには国策として取り組むことが必要と語った。成果志向のフィランソロピーの考え方である。また、マークス＆ワン、カニア＆クラマーなどの理論を引きながら、今後数年以内にフィランソロピーの概念の大学への移転が可能ということであった。ただし、この点については、日本についてもあてはまるのかどうか考察が必要である。

146

ユングには、類型化についてのコメントを求めた。伝統的なフィランソロピーとは一線を画した成果重視という点にフィランソロキャピタリズムの存在意義があるとしたうえで、満足のいく共創や結果が得られなかった場合も含めて三類型の意義は認められた。ここまで、フィランソロピーに関する概念と、思考や理論を形成するための基盤が重要なことを確認してきた。

これらの内容を集約する形で、以下のような考察結果をとりまとめた。

① フィランソロキャピタリズムについて、先行研究論文をテキストマイニングし、語彙分析結果から、「グローバル化した現代社会に横たわる課題に関して官民がファイナンスの手法を活用しながら課題解決を探索するフィランソロピーのあり方」という結果を得た。先行論文の中身についてはさまざまな社会課題が取り扱われている。環境問題や失業、ホームレス、医療、教

図表 7-2　Philanthrocapitalism に関する先行研究論文のテキストマイニング結果

出所：筆者作成、分析ツールは「UserLocal テキストマイニング」を使用。

育などであるが、一方でそれらの問題を包括的に取り組む研究
やフィランソロピーの倫理基盤としての社会的包摂に関する研
究はさらに深化が必要である。フィランソロキャピタリズムの
理論研究の第一人者であるユングの論文においても、思考・理
論への言及が少ないことから、今後の研究において思考・理
論、換言すれば、哲理などの概念を基盤としたフィランソロ
キャピタリズムのフレームワークを理論と実践によって一般化
していくことが求められる。

② 思考・理論の要素をリサーチギャップに設定するにあたり、そ
の意義と課題に関して、ジョンの示唆を得た。このなかで議論
となったのは、ジョンが先行研究で示した 4M 理論の解釈であ
る。すなわち Mean（手法）、Motivation（モチベーション）、
Method（体系的手法）、Measure（結果測定）の 4M に関し
て、モチベーションという単語が思考・理論のフレームに収ま
るかという観点である。ジョンがモチベーションの意味すると
ころとしてあげているのは利他主義と利己主義、また個人、国
家、企業、財団の行為から動機を得るという考えであった。こ
の解釈を起点とした場合は、むしろ思考・理論よりも実践・手法
に近い概念と定義することも可能である。この議論をジョンと
の間で行い、モチベーションよりも、さらに思考の基底となる
単語を互いにあげていった。そのなかで、マインドセット
（mindset）やモラル（moral）が妥当という結論で一致した。
なお、その他の候補として検討した単語は、メンタリティ
（mentality）、インクリネーション（inclination）、アイデア
（idea）、シンキング（thinking）、アティチュード（attitude）
である。これらの議論を通じてフィランソロキャピタリズムの
フレームワークを構築することの意義を再確認した。

③ ジョンの 4M 理論は、主にフィランソロピー文化の構築とい

う文脈のなかで取り上げられているが、一方でユングの4M
は、マネジメント（management: 経営管理）、メジャーメン
ト（measurement: 測定）、マネー（money: 金）、マーケッ
ト（market: 市場）である。需要（マーケット）に対し、資金
（マネー）を投下して事業経営（マネジメント）を実践し、そ
の結果を計測（メジャーメント）することを研究領域として検
討するべきという示唆である。費用対効果が導出されるような
政策形成の重要性が指摘されており、経営管理に主眼をおいた
とらえ方といえる。民間資金の公共領域への活用においては、
その資金の正当性についても検討すべきとする示唆が得られ
た。これは、財団など資金提供元に対する透明性の確保とガバ
ナンスの強化の視点である。フィランソロピーという美名のも
とに避税行為が行われている等の批判的指摘が根底にある。供
給サイドにおける課題についての整理と論考が重要である。

④ 類型化理論の独自性については、研究者へのインタビューから
理論補強を行った。類型化理論を実証考察によって補強してい
くために先行研究やインタビューを渉猟したところ、検証すべ
き事例を発掘することができた。行政を補完するだけでなく、
主体的に社会を構成するすべてのアクターが社会問題の解決に
取り組むことができるスキームの開発であること、これが実践
手法に相当するものである。そしてNPOの非営利組織のマネ
ジメントの問題（単純な資金集め、クラウドによるファンドレ
イジング等）から、NPO等も他者との連携のもとにガバナン
ス体制の構築を図ることの重要性がある。

⑤ ユングへのインタビュー調査から、フィランソロピーが公共政
策とどのように関連しうるのか、また、相互作用によって価値
が導出されるかを理解することが重要であるという示唆を得
た。また博愛精神への関心と言及にもかかわらず、フィランソ

ロピーの基盤研究は断片的であり一貫性がなく存在しない場合もあるということである。それゆえにフィランソロキャピタリズムにおいてはソーシャルファイナンスや相互作用を通じた組織間連携と合わせて、上位の概念として博愛の思考概念、言い換えれば社会的包摂の研究が必要であるということをインタビューから導出することができた。財務的側面、相互作用による価値創造、さらに社会的包摂という概念はフィランソロキャピタリズムにおける共通基盤であることを、研究者へのインタビュー結果を踏まえ理論化した。

　フィランソロキャピタリズムは富裕層による慈善寄付を指すものではなく、社会の構成員である行政、企業、NPO、市民のすべてが参画していく仕組みこそが必要である。フィランソロピーの資金は主に財団によって提供される場合が多い。それゆえ、多くの場合財団には税制上の優遇措置がある。財団は多くの人に恩恵を与えるような公益目的事業を実行していることが理由である。つまりは減税を受けている。したがってフィランソロピー資金は少なくともその一部は納税者によるものといえる。フィランソロピー資金の使途を納税者である市民は点検し牽制をきかせていく役目が求められる。その意味においてもフィランソロピーまたはフィランソロキャピタリズムは万民による協働によって機能していくものといえよう。本章においては、フィランソロキャピタリズムを発展させていくため、すなわちフレームワークを構築していくためには、その概念を類型化することによって必要なアプローチが可視化されるのではないかという推論があった。ここからフィランソロキャピタリズムをさらに一層発展させるために、インパクト投資等の財務面の適性やさまざまな非財務的な助言などのアプローチによる融合的な展開を、ネットワーク化したガバナンスの視点から検討していくことが求められる。

参考文献 ···

Kania, J. & Kramer, M.（2011）. "Collective Impact", Stanford Social Innovation Review, Winter 2011. Stanford, CA. Stanford University.

Marks, J. & Wong, P.（2010）. *Catalysing Systemic Change: The Role for Venture Philanthropy*. Coller Institute of Private Equity. London., London Business School.

第**8**章

エピローグ

8.1 21世紀の知の巨人との出会い

　ロブ・ジョン博士とは、旧知のセントアンドリュース大学スクールオブマネジメント（経営学部）のトビアス・ユング教授の紹介を受け、2018年夏にケンブリッジ大学のキャンパスに隣接する自宅を訪問したことが縁になる。研究室の指導教授、先輩教員らとともに訪問し、さまざまな質問をさせていただいた。ジョン博士は多くの質問に対して時間をかけ、丁寧に真摯に向き合ってくれた。NPOを支援するACEVO (Association of Chief Executives of Voluntary Organisations)や、スコットランドの姉妹組織ACOSVO (Association of Chief Officers of Scottish Voluntary Organisations) に関すること、またNPO等を支援するフルコストリカバリーに関する知見をまとめたニューフィランソロピーキャピタル（NPC）のこと、また支援のためのツールキットに関して、NPC・KPMG・ACEVO が共同制作したもの

であること等々、歴史的な背景を織り交ぜながら、NPO・NGO をいかに支援していくか、その仕組み、それがひいてはフィランソロピーの実装、社会的弱者に寄り添う非営利組織やソーシャルビジネスを支援していくことにつながることを熱っぽく語ってくれた。遠来の訪問者に惜しみなくその知見を示唆いただいた。

　ケンブリッジの運河に面したパブレストラン（Granta）に場所を移し、数時間の討議につきあっていただいた盛夏の日がよみがえる。その後、博士が来日される機会をとらえて、大阪でセミナーを開催し講演いただいた。また新聞社勤務の友人のつてで非公開の京都太秦の映画撮影所を訪問するなど公私にわたって交流を深めさせていただいた。ジョン博士は高名な化学者にしてフィランソロピー研究の泰斗という両面の顔をもつ。筆者自身はグローバル企業に勤務し、欧州各国で仕事をしてきたなかで、日本のフィランソロピーの実践が希薄であることを痛感してきた。ボランティアやチャリティに率先垂範し取り組む外国人の知人たちを前にして、日本人として、いわゆる顔の見える支援を果たすべき必要性を感じてきた。個人の篤い志を表現していくことの重要性である。篤志とは金銭的援助だけを指すものではない。自分たちができる何らかの貢献の方法があるのではないかというのは、筆者の十数年の海外経験において発出したリサーチクエスチョンであった。そして、その解を求めて論文としてまとめていった。今回筆者が担当した各章は、博士論文として執筆した内容をベースに、その後大学教員に転じて以降に発表したものを含めて再編集したものである。

　教員として、学生を前に起業家精神や企業・個人のフィランソロピーの必要性を語り伝えているが、教育研究に勤しむものとして、1 人でも多くのひとすじの光を灯すことができる学生を養成することを使命と考えている。

8.2 18 世紀の知の巨人からの示唆

　大学の講義のなかで取り上げた英国の哲学者のことに少し触れてみたい。18 世紀後半から 19 世紀初めに活躍した英国の哲学者サミュエル・テイラー・コールリッジ（以下 コールリッジ）は、国家の健全な発展の礎を、永続性という名の規範を守るための保守と、進歩という名のリベラルのパワーバランスにあると説いている。前者の永続性は、地主階層であり、後者の進歩とは、商工業に携われる階層とされる。そして、このパワーバランスは第三身分とされた知識人たちの関与によって絶妙に保つことができるという。コールリッジは、知識人層をクレリシーとよび、国民の教育にかかわることによって 2 つの勢力の調和と均衡を生み出すとした。文化的な健全さに基づいた物質的繁栄こそを文明社会だと主張しているのである。現代風に解釈すれば、「社会的包摂という根幹を有した健全な社会経済の繁栄」ということになるだろう。これは、国のソフトパワーを示すことにつながるものである。

　さて、コールリッジの時代のクレリシーは、知的エリートを指していたが、現代においては一握りのエリート層だけではなく、私たち自身が知的生産活動に参加していくことが求められる。たとえば、社会経済のさまざまな動向をモニターし政策提言を果たす存在にシンクタンクがあるが、エリート集団によって運営され私たちの生活に直接的に関連しないものと思われがちである。しかし、彼らの活動の根底には個人の生活がある。また、生活の質の向上に私たちは無関心ではないはずである。昨日より今日、そして明日というように絶えず努力をしているからである。私たちは日々の暮らし向きへの関心とともに、私たちの納税が正しく使われているかをみていくことも必要である。

　また、政府の役割の後退によってフィランソロピーによる貢献が注

目されることの認識は大変重要である。私たち一人ひとりがクレリシーの一員として社会経済が正しい方向に向かっているか関心を持たなければならない。「あらゆる種類の知識や知恵を有する者」として役割を果たすことが求められるのである。

　行政頼みではなく、私たち自身がフィランソロピーの実践者になる必要がある。各個人の営みの集合体が健全な社会経済を構築する端緒につながるのである。

　本書において筆者が問いたかったことは、強者の論理による社会経済体制ではなく、博愛的な思考概念を常にかたわらにもちながら政策の形成が行われ、生活福祉の行き届いた社会の実現を目指していかなければならないということである。新しい資本主義も、博愛資本主義のフレームワークに沿った社会経済体制の再興があって成立していくものといえるだろう。博愛心と他者の辛苦に思いをはせることができる人材、社会を支える人材を育成するため、フィロソフィ（知を愛する）の伝達者としてその取り組みを実践しつつ、本書の執筆を終えたい。

参考文献 ……………………………………………………………………

園井英秀編『英文学と道徳』、園田暁子著「知識人の社会における道徳的
　　役割」2005 年、九州大学出版会。

GLOSSARY（用語集）

ソーシャルビジネスの領域での用語は、まだ定訳がなく論争になることもある。以下の定義は、特に断りのない限り筆者によるものである。

エンジェル投資家（ビジネスエンジェル、エンジェル） Angle Investors (Business Angles, Angles)	i　ビジネス・エンジェルとは、富裕層の個人投資家が、創業期や事業拡大期の企業に資金を提供するもので、ベンチャーキャピタルとは異なる。投資会社は資金をプールしているが、ビジネス・エンジェルは通常、個人資金を投資する。ビジネス・エンジェルは、資金面での貢献だけでなく、専門知識や人脈を投資先に提供するという点においても独自性がある。ビジネス・エンジェルの多くは、アントレプレナーとして成功した経験や、老舗企業等で役員を務めた経験を持つ。（エンジェル投資ネットワーク：Angel Investment Network） ii　エンジェル投資家ネットワーク エンジェル投資家は、単独で活動する場合もあれば、非公式なグループで活動する場合もある。また公式なエンジェル投資家ネットワークの一員として活動する場合もある。エンジェル投資家は通常、支援する企業に少数の出資をする。アジアのエンジェル投資家ネットワークのなかには、ソーシャルアントレプレナーやインパクト投資に焦点を当てた団体があることが知られる。いくつかの投資を成功させた経験豊富なエンジェルは、スーパーエンジェルとよばれる。
ブレンデッド・バリュー Blended Value	営利を目的とするか否かにかかわらず、すべての組織が経済、社会、環境の3つの形態の価値を生み出すものである。投資家（商業投資、フィランソロピー投資、またはその混合形態）は、組織に資本を提供することで、3つの形態の価値を同時に生み出す。これらの活動の結果が価値創造であり、その価値はそれ自体が不可分である。これらの混合体がブレンデッド・バリューである。（ジェド・エマーソン：Jed Emerson）
コレクティブ・フィランソロピー（コレクティブギビング） Collective Philanthropy (Collective Giving)	非営利組織を支援するために資金や人的資源を提供するフィランソロピー活動のこと。受動的なモデルとしては、企業の従業員が共同でフィランソロピー団体に寄付をすることなどがあげられる。積極的なモデル

	としては、ギビングサークルやプロボノ等のコンサルティングなどがある。
コミュニティ財団 Community Foundation	独立した助成団体で、通常は都市や特定の地域社会からの寄付等によって資産を形成し地域内で助成金を提供する。コミュニティ財団の多くは、顧客会員の寄付を管理するために、ドナー・アドバイズド・ファンドのような特別なフィランソロピーを運営する。最近では、地域の枠を超えて、国際開発のための助成を行うコミュニティ財団もあり、新たなトレンドとなっている。
コーポレート・フィランソロピー Corporate Philanthropy	企業が、株主や従業員に影響が及ぶ可能性があることを認識したうえで、主に公共の利益のために財源や人的資源を使用すること。企業フィランソロピー、企業の社会的責任、企業の責任、コミュニティ・エンゲージメント、コミュニティ投資、戦略的フィランソロピー、コーズリレーテッド・マーケティング、企業の社会的パフォーマンス、共有価値の創造、持続可能性、企業市民、さらには財務的貢献の有無にかかわらず従業員のスキルや時間の寄付に関連する用語など、多くの用語がゆるやかに、また互換的に使用されているが、これらは企業フィランソロピーに包含される。
共有価値の創造 Creating Shared Value	本業を通じた社会課題の解決を図り、企業の競争力を高めると同時に、事業を展開する地域社会の経済的・社会的状況を向上させるための方針や運営方法を定めること。（ポーター＆クラマー：Porter and Kramer）
企業の社会的責任 Corporate Social Responsibility	ⅰ　企業が法令を遵守しながら株主への説明責任を果たし、倫理的な行動を示し、フィランソロピー活動やその他のコミュニティ参加など裁量的な活動を実践すること。 ⅱ　すべてのステークホルダーに経済的、社会的、環境的な利益をもたらすことで持続可能な開発に貢献するビジネスアプローチのこと。（フィナンシャルタイムズ：Financial Times） ⅲ　企業が倫理的に行動し、従業員とその家族、地域社会、社会全体の生活の質を向上させながら、経済発展に貢献することを継続的にコミットすること。（持続可能な開発のための世界経済人会議：World Business Council for Sustainable Development） ⅳ　社会がビジネスに求める倫理的、法的、商業的、公的な期待に応え、それを上回る形でビジネスを運営）すること。（社会的責任を果たすためのビジネス：BSR: Business for Social Responsibility）

コーポレート・ベンチャーキャピタル Corporate Venture Capital	企業がベンチャー企業に出資すること。通常は創業段階にあるベンチャー企業を対象とする。企業は出資を行い、ベンチャー企業が一定の成功をした場合には、株式公開後に株式を売却、または完全に買収するなどして財務的リターンを得る。
エンタープライズ・フィランソロピー （インパクト・ギビング） Enterprises Philanthropy (Impact Giving)	企業がアイデア段階からスケールアップの準備をするために、助成金や非財務的サポートを提供すること。（モニター研究所：The Monitor Institute）　ベンチャーフィランソロピーのなかでも、非営利組織や創業段階のソーシャルカンパニーがインパクト投資家から投資を受けられるようにするため、助成金や助言を提供することを目的とした領域である。
アントレプレナー・フィランソロピー　Entrepreneurial Philanthropy	ⅰ　アントレプレナーが経済的、文化的、社会的領域に資金を積極的に投資することで、社会的目的を追求すること。（貧困支援協議会：CGAP: the Consultative Group to Assist the Poor） ⅱ　アントレプレナーが利用可能なリソースを活用し、積極的に富の再分配を行うこと。（スウィンバーン工科大学：Swinburne University of Technology） ⅲ　フィランソロピー（主に社会的価値創造のために資金が投入される）のなかでも、創造的かつ実用的で、それゆえにアントレプレナー的な性質を持つ表現である。 ⅳ　ソーシャルアントレプレナーとの親和性が高く、その事業を支援する。ベンチャーフィランソロピー、エンタープライズ・フィランソロピー、インパクト優先の投資家はすべてアントレプレナー・フィランソロピーに包含される。
アントレプレナー・ソーシャルファイナンス Entrepreneurial Social Finance	アントレプレナー精神に富む非営利組織や、社会的目標を達成するために取引を行うソーシャルカンパニーに適した資金調達モデルを指す包括的な用語。アントレプレナー・ソーシャルファイナンスには、ベンチャーフィランソロピーやインパクト投資が含まれる。
財団 Foundation	ⅰ　民間の冠財団は、投資のための基金を形成し、その一部を基金から毎年フィランソロピー団体に交付する。一般的には、基金ではなく投資収益が使用される。地域社会のニーズを満たすために財団の成長と持続性を確保することができる。民間財団は、毎年の助成金やその他の適格な分配金を、資産の公正な価値に基づいて交付することが法律で定められている国や地域がある。

財団 Foundation	ii　パススルー財団は、毎年受け取った寄付金のすべてを分配するもので、資産の5％程度を分配する民間の助成団体とは対照的である。財団は、1年ごとにパススルーの選択を設定したり、取り消したりすることができる。民間財団は、その収入の大部分を自らのフィランソロピープログラムやサービスを積極的に運営するために使用する。民間財団のなかには、他のフィランソロピー団体への助成を行うものもある。（地域助成団体フォーラム：The Forum of Regional Associations of Grantmakers）
	iii　多くの国で、財団の法的地位によって、財団への寄付金の税控除や法人税の支払い免除など税制上の優遇措置が与えられている。一部の国では、運営する非営利組織（NGOやチャリティともよばれる）に財団という言葉が使われる。 企業財団とは、企業が社会的責任を果たすために設立した助成機関である。
ギビングサークル Giving Circle	一般参加型の集団的フィランソロピー活動で、メンバーは、集めたチャリティ資金を助成することによって影響力を高める。グループが資金を集め、どこに、どのように寄付するかをグループで決定する。（リソースアライアンス：Resource Alliance）
	多くのギビングサークルは、メンバーが評価、管理、報告まで自主運営する。また、特に大規模なギビングサークルでは、日々の助成金管理のために専門スタッフを雇用しているところもある。ほとんどのサークルは、支援対象の団体に資金だけでなく、時間やスキルを提供することをメンバーに奨励している。ギビングサークルは、非営利組織を支援するために助成金を使用するが、状況によっては融資や株式を使用する場合もある。
ハイパーエージェンシー Hyperagency	個人が寄付によって持続的かつ有益な影響を与えることができると確信を持つこと。ポール・シェルビッシュが「今日におけるメディチ家のハイパーエージェント（富裕層の代理人）」とよぶものである。これは、ビショップ＆グリーンが2008年に提唱するフィランソロキャピタリズムの基盤となっている。「大いなる期待と願望は、すべての領域に存在するが、物事を実現できるのは富裕層である」。（ポール・シェルビッシュ：ボストン・カレッジ：Paul Schervish: Boston College）
ハイパーエンジェルズ Hyperangels	企業や産業の発展に貢献したスキルや経験をソーシャルセクターに持ち込むインパクトエンジェルを指す。

	ポール・シェルビッシュが提唱し、今日においてフィランソロキャピタリズムとよばれるハイパーエージェント（富裕層の代理人）のことである。
インパクトエンジェル投資家（インパクトエンジェル、ソーシャルエンジェル） Impact Angel investors (impact Angles, Social Angles)	インパクトエンジェル投資家は、実業経験豊富な個人が、単独またはグループやネットワークで活動し、初期段階のソーシャルカンパニーに資金やビジネス上の助言を提供する。通常、アントレプレナーとしての背景を持ち、エンジェル投資に従事していることが多い。投資先の組織の法的形態に応じて、インパクトエンジェルは資金調達手段として株式購入を使用する場合としない場合がある。
インパクト投資 Impact Investment	インパクト投資とは、社会や環境に測定可能なインパクトを与えると同時に、財務的なリターンを得ることを意図して行われる企業、組織への投資をいう。インパクト投資は、新興国と先進国の両方の市場で実行されており、状況に応じて、市場価格を下回るところから市場価格まで幅広いリターンを目指す。インパクト投資家は、企業の潜在能力を活用できるビジネスやファンドに積極的に資金を投入することを目指す。（グローバル・インパクト投資ネットワーク：Global Impact Investing Network）実際には、インパクト投資家は、社会的利益または財務的利益のいずれかを最大化したいという願望を反映し、2つの重複するコミュニティに大別される。 1）インパクト優先の投資家は、社会的または環境的なインパクトを最大化することを指向し、そのためには財務的利益に上限を設けることも厭わない。 2）財務的リターン優先の投資家は、社会的価値の創出を犠牲にしても財務的利益を最適化したいと考える一般投資家である。
イノベーション Innovation	イノベーションは、アントレプレナーの具体的な手段として異なる分野・領域のビジネスやサービスの機会を創出すること。それは、規律（一定の秩序）として、学ぶことができ、また実践が可能なものである。（ピーター・ドラッカー：Peter Drucker） イノベーションは、ビジョン、情熱、エネルギー、熱意、洞察力、判断力、そして勤勉さが強力に組み合わさったアントレプレナーシップによって推進される。 イノベーションの目的は、金銭的なものであれ、雇用や成長であれ、持続可能性や生活福祉の向上であれ、価値を創造することである。（ベッサント＆ティッド：Bessant & Tidd）

イントラプレナー Intrapreneur	i　リスクをとってイノベーションを追求するという点でアントレプレナーのような行動をとり、既存のビジネスのなかで行う組織内の人を指す。（ペンシルベニア大学ウォートン校: The Wharton School）
	ii　社内のアントレプレナーシップ。（ベッサント＆ティッド: Bessant & Tidd）
	iii　新しい組織を作るのではなく、既存の組織のなかからイノベーションを起こす。彼らは、リスクをとって実践することで、継続的な改善に取り組む。
非営利組織 （非営利、フィランソロピー、NGO） Nonprofit Organization (Nonprofit, Charity, NGO)	社会的使命を持つ組織で、公共の利益のために商品、サービスの取引に関するビジネスを実行し、通常は提供時に費用を求めない。助成金や寄付金、その他の補助金に依存する。
成果主義のフィランソロピー Outcome-oriented Philanthropy	アウトカム志向とは、結果重視、戦略的、効果的と同義である。これは、寄付者が明確に定義した目標を達成しようとし、寄付者とその助成を受けた者が目標を達成するためにエビデンスに基づいた戦略を立案し、両者が成果に向けた進捗状況を確認し、目標達成度を評価し適切な軌道修正を行うフィランソロピーを指す。（ポール・ブレスト: Paul Brest）
フィランソロキャピタリズム Philanthrocapitalism	2008年にビショップ＆グリーンによって定義されたもので、利益追求や成果重視型のビジネスをフィランソロピーに応用する活動を表すものである。フィランソロキャピタリズムの実践者の特徴は、富裕な実業家として、伝統的なフィランソロピーの失敗を改善することに尽力し、ビジネスライクなアプローチで新たなフィランソロピーを行うことである。
フィランソロピー Philanthropy	フィランソロピーの語源は、ギリシャ語で「人間を愛する」という意味である。現在の一般的な解釈では、公共の利益のための民間の取り組み(J.W. ガードナー)や、人間の生活の質の向上を目的とした取り組み（ロバート・ブレムナー）を指す。口語では、フィランソロピーは、チャリティや寄贈と同じ意味で使われることが多い。（ウィングス: WINGS） 主に社会的影響を与えるために、金融資本と人的資本を活用すること。
プライベートエクイティ （ベンチャーキャピタル） Private Equity (Venture Capital)	高成長が見込まれる企業の株式を取得するために提供される中長期的な資金のことで、通常は非上場企業が対象となる。投資機会は、プライベートエクイティ企業（ゼネラル・パートナー（GP）ともよばれる）によっ

	て調達され、評価額を算出するためにスクリーニングされる。取引資金は、リミテッド・パートナー（LP）から提供された株式と、場合によっては銀行から調達した資金を用いる。その後、GP は保有期間中（通常5 年から 10 年）に、積極的に投資先の事業内容を管理し、会社の価値を高めるためにオペレーションの改善を図る。投資家がリターンを得るには、投資先企業を証券取引所に上場する（IPO）か、セカンダリーバイアウト（投資先企業を他のプライベートエクイティ企業に売却する）かのいずれかの方法をとることになる。ベンチャーキャピタルは、アントレプレナーや創業期の企業が成長のための資金を求めて持ち込んだコンセプトやアイデアを支援する会社である。（英国プライベートエクイティ・ベンチャーキャピタル協会：British Private Equity and Venture Capital Association）
準エクイティ Quasi-Equity	株式（優先株や普通株）の特性の一部を反映した金融商品。ただし、負債でも株式でもなく、通常は先行投資の一環として転換社債の形態をとるものや、収入に連動した返済、すなわち投資先の財務実績に連動する形態もある（例：投資先の将来の収入源に沿って返済額を算出）。（ベンチャーサム：Venturesome）
ソーシャルエンタープライズ（ソーシャルビジネス） Social Enterprises (Social Business)	i　ソーシャルエンタープライズ（ソーシャルカンパニーと同意）とは、営利、非営利、またはハイブリッドな企業形態で、社会的な目的を達成するために市場原理を利用する企業を指す。他のビジネスと同様、利益を生み出し、利益を社会的目標の達成のために再投資することを目的とする。ソーシャルカンパニーは、株主やオーナーの利益を最大化することを目的としたビジネスではない。（シンガポールソーシャルエンタープライズ協会：Social Enterprise Association, Singapore） ii　ソーシャルビジネスとは、オーナーや株主のために利益を生み出すものではなく、社会的インパクトを与えることを主な目的とした営利企業のこと。市場原理を利用し、アントレプレナー的かつ革新的な方法で商品やサービスを提供し、利益は社会的使命を達成するために再投資するのが一般的。また、事業活動に影響を与える従業員や顧客などのステークホルダーを巻き込み、説明責任と透明性を持って運営される。（欧州委員会：European Commission）

ソーシャルエンタープライズ（ソーシャルビジネス） Social Enterprises (Social Business)	ⅲ　ソーシャルカンパニーには、保証有限責任会社、株式有限責任会社、Community Interest Company、Low-Profit Limited Liability Company (L3C) など、さまざまな法的形態がある。なお、法律上の形態は、国によって異なる。
ソーシャル・アントレプレナーシップ Social Entrepreneurship	社会から疎外されている人々や生活困窮者を対象に、社会に利益をもたらすために、革新的で実用的かつ持続可能なアプローチを適用すること、またその実践者。営利、非営利にかかわらず、社会的使命を果たすことが第一の目的であり、財務的価値の追求は副次的とし、組織の目標達成とインパクトを向上させるための手段を発揮すること。（シュワブ・ソーシャルアントレプレナー財団：The Schwab Foundation for Social Entrepreneurship）
ソーシャルファイナンス Social Finance	財務的なパフォーマンスと社会的な価値創造の両方を考慮し評価する方法で、さまざまな形態の資本によって構成される幅広い分野がある。（エマーソン、フロインドリッヒ、フルスターマン：Emerson, Freundlich and Fruchterman）
ソーシャルインパクト・ボンド（開発インパクトボンド） Social Impact Bond (Development Impact Bond)	主に、政府自治体から委託された金融メカニズムで、投資家がサービス提供者（非営利組織やソーシャルカンパニーなど）に対して報酬を支払う。成果目標が達成されれば、委託者は投資家に初期投資額とリスクに応じたリターンを支払う。社会的成果が得られなかった場合は、投資家は投資資金を失う。 開発インパクトボンドは、国際的な開発プログラムで使用されているソーシャルインパクト・ボンドの派生モデルである。
社会的目的のための組織（社会貢献型組織） Social Purpose Organization (Socially Driven Organization)	社会的価値の創造を主な目的とする非営利組織やソーシャルカンパニーの総称。
社会的責任投資 Socially Responsible Investment	持続可能で責任ある投資とは、企業の責任と社会的関心が投資決定の有効な要素であることを認識する幅広い投資アプローチである。社会的責任投資は、投資家の財務的なニーズと投資が社会に与える影響の両方を考慮する。社会的責任投資の投資家は、企業が環境、社会、ガバナンスの問題を改善することを奨励する。（持続的責任投資フォーラム：The Forum for Sustainable and Responsible Investment）

戦略的フィランソロピー Strategic Philanthropy	焦点を絞った調査、創造的な計画、実行性のある戦略、慎重な実行と徹底したフォローアップを用いて意図した結果を達成するフィランソロピーの形態である。戦略的フィランソロピーは、フィランソロピー活動家の基本的な価値観や関心事を反映し、それに基づいて行われるのが理想形である。（ソーシャルインパクトセンター：The Centre for Social Impact）
変化の理論 （セオリー・オブ・チェンジ） Theory of Change	ニーズから活動、成果、影響へと至る組織の道筋を示すもの。起こしたい変化と、その変化を実現するために必要なステップを説明することをいう。また、変化の理論は、推論の背後にある前提となる仮説を明確にし、その仮説は証拠によって裏付けていく思考プロセスである。（ニューフィランソロピーキャピタル：New Philanthropy Capital）
ベンチャーフィランソロピー Venture Philanthropy	i　資金とビジネスの助言を組み合わせ、アントレプレナー組織の成長と発展を支援する。（アジアベンチャーフィランソロピー・ネットワーク：AVPN Asia Venture Philanthropy Network） ii　社会的インパクトを高めるために、財務・非財務の支援を行うことで、より強固な社会的組織の構築を目指す。支援の対象となる組織は、非営利組織、ソーシャルカンパニー、社会的事業などであるが、組織形態は各国の法律や文化的規範によって異なる。（欧州ベンチャーフィランソロピー協会：EVPA European Venture Philanthropy Association）

付属資料

アジアにおけるアントレプレナー・ソーシャルファイナンス・エコシステムのマッピング

1 ベンチャーフィランソロピー事業者

名称	地域	国	その他	タイプ1	タイプ2	URL
Meyer Foundation	AA	AU		GM	EN	http://www.meyerfdn.org
Social Ventures Australia	AA	AU		VP		http://www.socialventures.com.au
Leapfrog Investments	AA	AU		II		http://www.leapfroginvest.com
Jasmine Social Investments	AA	NZ		VP		http://www.jasmine.org.nz
LGT Venture Philanthropy	AW			II		http://www.lgt.com
Insitor Fund	AS	KH		II		http://insitorfund.com
Shift360 Foundation	AS	KH		II	NF	http://www.shift360.ch
LGT Venture Philanthropy Philippines	AS	PH		II		http://www.lgt.com
Lien Foundation	AS	SG		GM		http://www.lienfoundation.org
APVentures	AS	SG		VP		http://apventures.com
MAM Pte Ltd	AS	SG		VP		n/a (struck off)
Social Venture Partners Singapore	AS	SG		VP		n/a
SE Hub	AS	SG		VP	NF	n/a
Chandler Foundation	AS	SG	IN	II		https://www.chandlerfoundation.org
Corridor Asia	AS	TH	IN	II		n/a
Small Giants	AS	VN		II		http://www.smallgiants.com.au
China Social Entrepreneur Foundation (YouChange)	NA	CN		VP		http://www.youcheng.org

Jet Li One Foundation	NA	CN	VP		http://www.onefoundation.cn
Narada Foundation	NA	CN	VP		http://www.naradafoundation.org
More Love Foundation	NA	CN	VP		https://www.facebook.com/morelovett
Non Profit Incubator (Lenovo Venture Philanthropy Project)	NA	CN	VP	EN	http://www.npi.org.cn
LGT Venture Philanthropy China	NA	CN	II		http://www.lgt.com
The Schoenfeld Family Foundation	NA	CN	II	EN	http://shober-rock.com/shoenfeld-foundation
Lanshan Social Investment	NA	CN	II		http://www.lanshangroup.com.cn/business.html
Silvercrest Foundation	NA	HK	VP	GM	http://www.silvercrestfoundation.org
Sow Asia Foundation Ltd	NA	HK	II		http://www.sowasia.org
ADM Capital Foundation	NA	HK	VP		http://www.admcf.org
Chen Yet-Sen Family Foundation	NA	HK	VP		http://cysf.org/hongkong
Social Ventures Hong Kong	NA	HK	VP		http://www.sv-hk.org
Synergy Social Ventures	NA	HK	VP		http://www.synergysocialventures.org
Village People Project Ltd	NA	CN	VP		http://www.villagepeopleproject.org
Zeshan Foundation	NA	HK	GM	EN	http://www.zeshanfoundation.org
Social Investors	NA	HK	VP		http://socialinvestors.com
GIVE Venture Partners Ltd	NA	HK	VP		n/a
New Day Asia	NA	HK	VP		n/a
ETIC	NA	JP	EN	VP	http://www.etic.or.jp
Arun LLC	NA	JP	VP		http://www.arunllc.jp/en
Social Venture Partners Tokyo	NA	JP	VP		http://www.svptokyo.org
SEEDCap	NA	JP	GM		http://www.jcie.or.jp/japan/cn/seedcap

名称	地域	国	その他	タイプ1	タイプ2	URL
Japan Venture Philanthropy Fund	NA	JP		VP		http://www.jvpf.jp/en
Social Investment Partners (SIP)	NA	JP		VP		http://sipartners.org
Sasakawa Peace Foundation Innovative Finance Program	NA	JP		VP		https://www.spf.org
Sopoong	NA	KR		VP		http://www.sopoong.net
Flow Inc	NA	TW		VP		http://www.flowinc.app
Living Water Social Ventures	NA	TW		=		https://www.bcurrent.asia/english
ICICI Foundation	SA	IN		GM	EN	http://www.icicifoundation.org
Mahindra Education Trust	SA	IN		VP	GM	http://www.mahindra.com
EdelGive Foundation	SA	IN		VP	EN	http://www.edelgive.org
Aavishkaar	SA	IN		=		http://www.aavishkaar.in
Absolute Return for Kids (ARK)	SA	IN		VP		http://www.arkonline.org
IFMR Trust (Dvara Holding)	SA	IN		IN	SF	https://www.dvara.com
Lok Capital	SA	IN		=	GM	http://www.lokcapital.com
Omidyar Network India	SA	IN		=		https://www.omidyarnetwork.in
SONG Advisors	SA	IN		=		n/a
Deshpande Foundation	SA	IN		VP		http://www.deshpandefoundation.org
Unltd India	SA	IN		VP	EN	http://www.unltdindia.org
Dasra	SA	IN		VP	EN	http://dasra.org
Kinara Capital	SA	IN		=		http://www.kinaracapital.com
Ennovent (India)	SA	IN		=		http://www.ennovent.com
American India Foundation	SA	IN		VP		http://www.aif.org
Shell Foundation (India)	SA	IN		VP		https://shellfoundation.org/about

名称	地域	国	その他	タイプ1	タイプ2	URL
Gray Matters Capital (GMC) Foundation	SA	IN		VP		https://graymatterscap.com
Voxtra	SA	IN	KR	VP		http://www.voxtra.org
Acumen Fund (Pakistan)	SA	IN	PK	II		http://www.acumenfund.org
Acumen Fund (India)	SA	IN		II		http://www.acumenfund.org
SCA Charitable Foundation	SA	IN		VP	EN	http://scacharitablefoundation.com
First Light India Accelerator / Village Capital	SA	IN		II	EN	https://vilcap.com
Villgro	SA	IN		VP	EN	http://www.villgro.org

2　中間支援事業者

名称	地域	国	その他	タイプ1	タイプ2	URL
Dana Asia	AA	AU		AD		http://www.danaasia.org
Swinburne University - Centre for Social Impact Swinburne	AA	AU		AR		https://www.swinburne.edu.au/research/centres-groups-clinics/centre-for-social-impact-swinburne
QUT Business School -Australian Centre for Philanthropy & Nonprofit Studies	AA	AU		AR		https://www.qut.edu.au/engage/alumni/alumni/australian-centre-for-philanthropy-and-nonprofit-studies-alumni-chapter
Centre for Social Impact	AA	AU		AR		http://www.csi.edu.au
Philanthropy Australia	AA	AU		EN		http://www.philanthropy.org.au
School for Social Entrepreneurs (SSE)	AA	AU		EN		https://www.the-sse.org
The Australian Centre for Social Innovation (TACSI)	AA	AU		EN		https://www.tacsi.org.au

名称	地域	国	その他	タイプ1	タイプ2	URL
New Zealand Entrepreneurs Fellowship	AA	NZ		EN		https://www.ehf.org/about-us
Philanthropy New Zealand	AA	NZ		EN		http://www.philanthropy.org.nz
Center for Entrepreneurship, Change and Third Sector	AS	ID		IN		http://www.cectcsr.com
Indonesian Social Entrepreneurship Association	AS	IN		EN		n/a
CECT USAKTI at Trisakti University	AS	IN		EN		http://www.cectcsr.com
New Ventures Indonesia	AS	IN		BR	NF	n/a
Thepari Project	AS	KH		NF		n/a
PhilSEN (Philippine Social Enterprise Network)	AS	PH		EN		https://twitter.com/socentph
Institute for Social Entrepreneurship in Asia	AS	PH		EN		https://www.isea-group.net
SymAsia	AS	SG		AD		http://www.symasia.com
NUS Business School - Asia Centre for Social Entrepreneurship & Philanthropy	AS	SG		AR		http://www.bschool.nus.edu/ACSEP
Impact Investment Exchange Asia (IIX Asia)	AS	SG		BR		https://iixglobal.com
Singapore Management University - Lien Centre for Social Innovation	AS	SG		EN		https://lcsi.smu.edu.sg
Social Enterprise Association	AS	SG		EN		n/a
Social Innovation Park Ltd	AS	SG		EN		http://www.socialinnovationpark.org

Name					URL
Absolute Impact Partners Pte Ltd	AS	SG		EN		https://absoluteimpactpartners.wordpress.com/about
Qi GLOBAL	AS	SG		EN		https://www.qigroup.com
BOP HUB	AS	SG		EN		http://www.bopglobalnetwork.net/members/labs/bop-hub
Thammasat University - Center of Sustainable Enterprise	AS	TH		AR		http://www.tu.ac.th
Thai Social Enterprise Office	AS	TH		EN		https://www.sethailand.org/en
Change Fusion Institute	AS	TH		EN	BR	Private site
Unltd Thailand	AS	TH		EN		n/a
Center for Social Initiatives Promotion (CSIP)	AS	VN		EN	VP	https://csip.vn
Asian Venture Philanthropy Network (AVPN)	AW			EN	IN	http://www.avpn.asia
Family Business Network Asia	AW			EN		http://www.fbnasia.org
Social Venture Group	NA	CN		AD		n/a
Venture Avenue	NA	CN		AD		http://www.ventureavenue.com
New Philanthropy Partners	NA	CN		AD		n/a
Beijing Normal University - One Foundation Philanthropy Research Institute	NA	CN		AR		https://english.bnu.edu.cn
The Dao Ventures Group	NA	CN		BR		https://www.daoventures.com
NPO Development Center (NDC)	NA	CN		EN		http://npodevelopment.org
The British Council Skills for Social Entrepreneurs Programme	NA	CN		EN		https://www.britishcouncil.ph/programmes/society/skills-social-entrepreneurs
China Foundation Center	NA	CN	IN	EN		http://en.foundationcenter.org.cn

名称	地域	国	その他	タイプ1	タイプ2	URL
China Philanthropy Incubator (BSR CiYuan)	NA	CN		EN	AD	https://www.bsr.org/en/collaboration/groups/ciyuan
Shanghai Social Innovation Park (The Nest)	NA	CN		EN		https://avpn.asia/blog/npi-to-launch-2ha-social-innovation-park-in-shanghai
InnoCSR Co. Ltd	NA	CN		EN		http://www.innocsr.com
Global Links Initiative	NA	CN		EN		https://thegloballinksinitiative.org
Foundation for Youth Social Entrepreneurship	NA	CN		EN		Dissolution
Collective Responsibility	NA	CN		EN		http://www.collectiveresponsibility.org
Golden Bridges Foundation	NA	CN		EN		http://www.goldenbridges.org
China Development Brief	NA	CN		IN		https://chinadevelopmentbrief.com
New Ventures China	NA	CN		BR	NF	n/a
Grace Financial Ltd	NA	HK		AD		n/a
Chinese University of Hong Kong - Hong Kong Social Enterprise Challenge	NA	HK		AR	EN	https://hksec.hk
Hong Kong Social Enterprise Summit	NA	HK		EN		http://www.ses.org.hk
HK Social Entrepreneurship Forum	NA	HK		EN		http://www.hksef.org
HKCSS SE Business Centre	NA	HK		EN		http://sebc.org.hk
Social Enterprise Incubation Centre	NA	HK		EN		http://www.seic.hk
Bright China Group	NA	HK		EN		https://www.brightchina.org
Avantage Ventures	NA	HK		AD		n/a
Keio University	NA	JP		AR		http://www.keio.ac.jp
Charity Platform	NA	JP		EN		http://www.charity-platform.com

Organization					URL
Asian Women Social Entrepreneurs Network	NA	JP	EN		https://awsen.org/index.html
Social Innovation and Investment Foundation (SIIF)	NA	JP	I		http://www.siif.or.jp
Tama University Centre for Social Investment	NA	JP	AR		https://tama-csi.org
SEN Korea	NA	KR	EN		https://www.sen.ac
Asia Social Entrepreneurs Summit	NA	KR	EN		n/a
Change Fusion Nepal	NA	NP	EN		n/a
Fu-Jen Catholic University - Taiwan Social Entrepreneurship Forum	NA	TW	AR	EN	http://www.management.fju.edu.tw/en/about/info.php?cid=6
Living Water Social Ventures (LWSV)	NA	TW	BR		https://www.bcurrent.asia/english
Centre for the Advancement of Philanthropy	SA	IN	AD		https://capindia.in/home/#lmain
Innovaid	SA	IN	AD		n/a
D-Capital Partners (Dalberg Global Advisory)	SA	IN	AD		https://dalberg.com
Indian School of Business - Centre for Emerging Markets Solutions	SA	IN	AR		https://www.isb.edu/en/research-thought-leadership/initiatives/initiative-for-emerging-market-studies.html
The Tata Institute for Social Sciences	SA	IN	AR		http://www.tiss.edu
SP Jain Institute of Management & Research	SA	IN	AR		http://www.spjimr.org
Samhita.org	SA	IN	BR	AD	https://.samhita.org
Unitus Capital	SA	IN	BR		http://www.unituscapital.com

名称	地域	国	その他	タイプ1	タイプ2	URL
Artha Platform	SA	IN		BR		https://arthaimpact.com
Charities Aid Foundation India	SA	IN		EN		http://cafindia.org
National Social Entrepreneurship Forum	SA	IN		EN		http://www.nsef-india.org
Nand & Jeet Khemka Foundation	SA	IN		EN		http://khemkafoundation.net
National Social Entrepreneurship Forum (FSG)	SA	IN		EN		https://www.fsg.org
Monitor Inclusive Markets	SA	IN		IN		n/a
New Ventures India	SA	IN		BR	NF	n/a
Center for Social Innovation and Entrepreneurship ; IIT Madras	SA	IN		EN		http://csie.iitm.ac.in
Intellecap	SA	IN		IN	EN	http://www.intellecap.com
Start Up (India)	SA	IN		NF		http://www.startup-india.org
Grameen Capital India Limited	SA	IN		AD		http://grameencapital.in
Caring Friends	SA	IN		NF		https://sites.google.com/a/caringfriends.in/caring-friends/home
Invest2Innovate	SA	PK		EN		http://invest2innovate.com

3 関係機関

名称	地域	国	その他	タイプ1	タイプ2	URL
Home and Youth Affairs Bureau, Hong Kong	AS	HK		EN		http://www.hab.gov.hk
Economic Development Board of Singapore IO Programme Office	AS	SG		EN	GM	http://www.edb.gov.sg
Ministry of Social and Family Development (MSF)	AS	SG		EN		https://www.msf.gov.sg/Pages/default.aspx

略語

地域	AA	オセアニア
	AS	東南アジア
	SA	南アジア
	NA	北アジア
	AW	アジア全域
	AU	オーストラリア
国	CN	中国
	HK	香港
	IN	インド
	ID	インドネシア
	JP	日本
	KH	カンボジア
	KR	韓国
	NP	ネパール

	NZ	ニュージーランド
	PH	フィリピン
	PK	パキスタン
	SG	シンガポール
	TH	タイ
	TW	台湾
	VN	ベトナム
エコシステム	S	サプライ
	I	中間支援事業者
	P	政策
	VP	ベンチャーフィランソロピー・ファンド
	CF	共同出資者
	II	インパクト投資家
	SF	特定投資家（適格機関投資家ともいう）
	GM	助成金、助成金出資者
	NF	非財務サービス提供者
	BR	ブローカー
	IN	インテリジェンス提供者
	AD	アドバイザリーサービス
	EN	イネーブラー（後方支援者）
	RE	規制当局
	AR	学術研究

URL については、2022 年 8 月 15 日付で確認作業を行い、アクセス不可のサイトについては、n/a と表記しています。

謝　辞

　この41年、人生の3分の2にあたる年月を、筆者の人生に寄り添い辛抱強く、また献身的に支えてくれた妻のイーヴァ＝マリア（Eeva Maria）について記したい。2人はオックスフォード大学の院生時代に出会い、2人とも化学研究に没頭する日々を送ってきた。そしてアメリカ、エチオピア、スイス、スーダンと人生の旅路をともにしてきた。英国に戻ると、彼女の才能は、神学教育とセクシュアリティや結婚に向けられ、信仰における新たな対話的探求の論理の再編によって2021年にランベス神学博士号を授与された。いまも変わらず、南スーダンの高等教育の発展のため活動するイーヴァ＝マリアの存在が、青年時代から一貫して筆者に翼を与えつづけ、未知の世界に飛び立つ後押しとなった。彼女は筆者にとって人生というロードムービーの伴走者である。そして逆もまた真である（と願っている）。この事実を感謝をもって伝えたい。

ロブ・ジョン

※※

　本書の出版に際して、筆者の欧州駐在時代の同僚であり友人でもあるラインホルト・シュリアカンプ（Reinhold Schlierkamp）、ディトマー・ニック（Dietmar Nick）の両氏には原稿の英訳ドラフトを渡して、何度も批評してもらった。永年にわたる友情に感謝したい。また、研究上貴重な示唆をいただいた東京大学の矢口祐人副学長、仙台白百合女子大学の矢口洋生学長、さらにイマイシス株式会社の今井学士社長、大学院で社会的包摂の研究に携わっておられる企業役員の佐藤俊通氏、武庫川女子大学研究開発支援室の松風直子氏はじめ多くの

学友たちから助言と協力を得たことに対し心よりお礼を申し上げたい。最後に、この原稿が出版されることになったのは、編集担当の浅香雅代氏のおかげである。さまざまな要望を忍耐強く聞き入れてくださったことに深く感謝したい。

細 海　真 二

あとがき

　世界各国の経済発展の状況はそれぞれ固有の背景を持ち、多様で異なっている。現在、日本経済に求められる重要な課題の1つは、社会的な正義と公平を実現する分配の議論であると考えることができる。昭和30年代後半以降の高度経済成長や、1990年代前半のバブル経済とその崩壊、2008年のリーマンショックなど、戦後、日本の資本主義経済が経験してきた社会背景は、それぞれの時代に最も相応しい経済理論を抽出してきた。そして、いま求められているのは、公平な分配を実現するという基本思想であり、博愛資本主義はその1つであると期待される。

　本書筆者の細海真二教授は、監修者の研究室に所属されて博士学位を取得し、現在の勤務校では重要な役割を果たされつつ、意欲的に「社会的包摂」の研究に取り組まれている。京セラ創業者の稲盛和夫先生の薫陶を受け、企業の経営と倫理の衡平を見てこられた稀有な研究者でもある。細海教授ともう1人の著者であるロブ・ジョン博士は、細海教授の学位論文執筆のプロセスで懇意になり、関西学院大学での特別講演やケンブリッジでの会合を経て、自然な成り行きで研究が進み、本書で集約された成果が形成された。

　本書は新しい資本主義としての博愛資本主義を概説した中級レベルの入門書である。本書の内容を理解するためには、現在の資本主義が抱える諸問題に対して、今後どのような経済思想が必要なのかという認識を持つことが重要である。そして、右肩上がり一辺倒の資本主義経済における成長ロジックではなく、分配に焦点を置く博愛資本主義の思想こそが、私たちが求める社会的包摂を実現する礎であることを理解する必要がある。本書は、こうしたことを具体的な事例を用いて解説している。

178

　本書は、英国勅許公共財務会計協会（CIPFA）日本支部からの出版助成を得て、CIPFA Japan Textbook 第 5 号として出版されることとなった。同支部の学術的な援助に感謝申し上げる次第である。また本書は、経済的な成果分配の公平性を斟酌しない地方自治体の管理会計は存在しえないという重要な示唆を提示しており、監訳者にとっては、関西学院大学個人特別研究費（2021 年度）「地方自治体における管理会計導入フレームワークの再構築 ——業績管理と統合報告・VFM 監査の融合」の研究成果の一部である。

　　2022 年 5 月

　　　　　　　　　　　　　　　　監修者　　石原　俊彦

［著者略歴］

細 海 真 二（ほそみ・しんじ）── まえがき／第 1 章／第 5 章／第 6 章／第 7 章／第 8 章／
および右記章の訳　第 2 章／第 3 章／第 4 章／GLOSSARY

1961 年生まれ。現在、活水女子大学国際文化学部教授。民間企業入職後、旧西ドイ
ツ、フランス駐在をはじめ主に海外事業部門を歩む。その後大学院にてフィランソロ
ピー研究に取り組み、スコットランド・セントアンドリュース大学フィランソロピー研
究センターにて学際的先端研究に触発を受ける。また、ベンチャーフィランソロピー
研究の泰斗ロブ・ジョン博士と研究交流を深める。実務的知見と理論の融合による市
民参加型フィランソロピーの概念フレームワークの開発を推進。専門領域は、非営利
組織経営・アントレプレナーシップ。博士（先端マネジメント）／ MBA.

ロブ・ジョン（Rob John）──────まえがき／第 2 章／第 3 章／第 4 章／ GLOSSARY

1956 年生まれ。ベンチャーフィランソロピー、ソーシャルベンチャー、ギビングサー
クルの研究者。オックスフォード大学、パデュー大学（米国）、ローザンヌ大学（スイ
ス）、アディスアベバ大学(エチオピア)、シンガポール国立大学で研究教育に携わる。
エチオピア着任以降、アフリカ・南アジアの難民支援に取り組む。2005 年よりオック
スフォード大学サイード・ビジネススクール社会起業研究センター（スコールセンター）
で教鞭をとるかたわら、欧州ベンチャーフィランソロピー協会（EVPA）初代事務総
長に就任。2010 年よりシンガポール国立大学シニアフェロー。アジアベンチャーフィ
ランソロピー・ネットワーク（AVPN）共同創設者。英国王立ソサエティー・オブ・アー
ツ栄誉フェロー。Ph.D.（有機合成化学）

研究室 Website　https://robjohn.academia.edu/

[監修者略歴]

石原 俊彦（いしはら・としひこ）

1960年生まれ。現在、関西学院大学大学院経営戦略研究科教授、公認会計士、博士（商学）。西宮市代表監査委員。専門領域は会計学、公会計、公共ガバナンスなど。英国では現在、エジンバラ大学名誉教授（Honorary Professor）とケント大学名誉教授（Honorary Professor）を務めている。また、2015年から6年間、英国勅許公共財務会計協会（CIPFA）本部理事を務め、2012年から5年間は英国バーミンガム大学の名誉教授（Honorary Professor）を務めた。

迷走するグローバル資本主義のゆくえ
博愛資本主義という考え方　　　　　　　CIPFA Japan Textbook No.5

2022年10月15日初版第一刷発行

著　者　細海真二／ロブ・ジョン
監　修　石原俊彦

発行者　田村和彦
発行所　関西学院大学出版会
所在地　〒662-0891
　　　　兵庫県西宮市上ケ原一番町1-155
電　話　0798-53-7002

印　刷　協和印刷株式会社

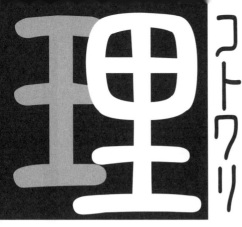

理 コトワリ

KOTOWARI
No.64
2022

関西学院大学出版会
KWANSEI GAKUIN UNIVERSITY PRESS

宝塚 温泉リゾート都市の建築史

川島 智生（かわしま ともお）

京都華頂大学教授

一九七〇年代以降のこの五十年間で、宝塚ほど変容を遂げた町はあっただろうか。一九八〇年代から宝塚を「宝塚たらしめ」ていた歴史的建造物の取り毀しがはじまり、震災もあって、景観は大きく変わる。昨年取り毀された宝塚ホテルを最後として、この界隈からは温泉リゾート都市であった歴史的痕跡は一掃され、今では歴史のない風景が広がるばかりだ。唯一変わらなかったのは武庫川だ

けである。リアルタイムでこの町に向き合ってきた歴史家として、一抹の悔しさがある。このことが三十数年間にわたって、宝塚に関する建築史論考をまとめる原動力になったのだと、今振り返り思う。

本書は温泉リゾート都市「宝塚」の誕生とその歴史について、建築史学の観点から論じたものである。明治以降に宝塚がいかに誕生し、市街地を形成し、都市となっていったのかを、主だった建物を

宝塚 温泉リゾート都市の建築史
川島智生［著］

とおして解明する。宝塚はほかの都市とは異なり、明治前期の温泉湧出が元になり、旅館街が生まれ、そこに西洋風のリゾート施設が設けられ、都市化した。わが国ではほかに類例をみない都市の成立の仕方であって、有馬など近代以前から存在した既存の温泉場にも影響を与えた。いってみれば、遊興地においての少女歌劇も含めて、新しい温泉地の創出の先駆となる。

ではなぜ、宝塚というひとつの都市に筆者は注目したのか。最初は古塚正治という西宮を拠点とする建築家の作品である宝塚ホテルをはじめ、旧温泉（ホテル）の建物への着目からはじまった。一九八七年頃のことである。この建築家の遺族がみつかり、経歴書から宝塚会館（ダンスホール）や中洲楽園（貸別荘）、宝梅園（事務所）など武庫川右岸の主な建物を設計していたことが判明する。

もうひとつは一九九五年の阪神大震災

である。それまでは川の両側に立ち並んだ旅館の一群がことごとくダメージを受け、ほとんどの旅館では地震を契機に廃業に至る。その跡地は高層マンション街となる。詳しくみると震災以前より都市計画が進展しており、それまでの温泉街特有の町並みは消える。その過程を温泉街特有のアリアルタイムで目撃することになり、旅館街をはじめとする温泉地「宝塚」を形成していた建築にまなざしが注がれることになった。

この著書は温泉に由来する次の七つの章からなる。第一章の「温泉都市宝塚の成立とその建築」では温泉場と旅館街について時系列で論じ、第二章の「宝塚新温泉の成立とその建築」では小林一三のアイデアが武庫川左岸で新しいビルディングタイプを生んだことを示した。新温泉とは洋風スタイルの温泉で、パラダイスとは夏は室内プール、冬は劇場となる

施設であり、ここで生まれたのが宝塚少女歌劇である。第三章の「平塚嘉右衛門と建築家・古塚正治について」では武庫川右岸で展開された宝塚ホテルと旧温泉について、大地主でありデベロッパーでもあった平塚をパトロンとして古塚正治が設計を担ったことを解明した。第四章の「炭酸水製造所の誕生」ではウィルキンソンタンサンと宝塚鑛泉を検証した。ウィルキンソンタンサンは当初宝塚の旧温泉の湧水を壜詰したものとして生まれ、同時に宝塚最初の洋風建築であるタンサンホテルを創業していたことを示した。一方宝塚鑛泉もまた最初は旧温泉の湧出水を用いたものであり、今まで知られなかったその社屋の建築を解読した。第五章の「宝塚大劇場の誕生とその建築」では、パラダイスを継承し小林一三によって東洋一の大劇場として誕生した建築について、成立背景、建築特

女歌劇である。第三章の「平塚嘉右衛門と建築家・古塚正治について」では武庫川右岸で展開された宝塚ホテルと旧温泉について詳述した。

の「近代宝塚の住宅について」では宝塚を代表する四つの住宅である石原別荘・土井邸・村野藤吾邸・ウィルキンソン邸について詳述した。石原別荘は旧温泉と関連し明治前期に生まれ、土井邸は現在宝塚市所有の文化財となる。村野藤吾邸とウィルキンソン邸は共にないが、前者は村野自身の設計、後者はレーモンドの設計であった。第七章の「温泉リゾート都市の歴史的意義」では都市としての成立、景観の変容、市庁舎の建築史を論じ、ひとつの都市史を提示し得た点にある。

本書の特徴は以上の温泉に関する幾つもの建築類型の論考を積み重ねることによって、ひとつの都市史を提示し得た点にある。

徴、理念、設計者像から論じた。第六章

宝塚 温泉リゾート都市の建築史

宝塚の人文的景観を検証。新資料も多数掲載！

川島 智生 著

A5判 五二二頁
五九四〇円（税込）

ポケモンGOの社会学

フィールドワーク×観光×デジタル空間

圓田　浩二
まるた　こうじ

沖縄大学教授

私はポケモンGOが二〇一六年七月二十二日に日本でリリースされるまで、まったくスマホゲームというものに興味がなかった。スマートフォンを初めて買ったのも二〇一六年六月の香港での学生を引率した調査旅行のついでだった。そんな私にも、「なにかすごいゲームが日本でリリースされる」「二〇一六年七月初旬にはオーストラリアとニュージーランド、アメリカ合衆国でリリースされて大反響らしい」といったニュースが入ってくるようになった。キャラクターとしての「ポケモン」にもまったく興味がなかったが、それがポケモンに関するゲームだということは把握できた。当時（二〇一六年七月）にはいつ日本でリリースされるのかで、毎日ネット掲示板などでは憶測や願望が飛び交っていた。そして、ついに七月二十二日にリリースされた。

私の所属する沖縄大学は全学生二千人程度の小さな大学であるが、午後には構内をスマホを見ながらうろつき回る学生たちが相当数見られた。この現象は沖縄大学だけでなく、全国中で見られた現象だった。一日にして「社会の風景」が一変した。みんなとは言わないが相当数の人々が何か「新しい体験」や現代ではほぼ死語になった「冒険」を求めていた。こうしてポケモンGOは「社会現象」となった。もし興味を持っていただけたのならば本書の第三章を読んでもらいたい。

そして、私はポケモンGOのヘビーユーザーになって、ポケモンGOの中の世界や現実社会との接点を、社会学という学問を用いて、フィールドワークを行いながら、記述し分析するようになった。

こうして、二〇一七年九月には本書の第三章にあたる論文

「社会現象としての「ポケゴー」の分析：ポケモンGOの社会学①」が発表された。当時の私は、長らく沖縄の離島観光を主テーマに研究していた（その研究成果は、『ダイビングのエスノグラフィー――沖縄の観光開発と環境保護』二〇二二年八月、青弓社として出版されているので、興味のある方はぜひ手に取ってほしい）ので、いわば片手間の研究であった。

その後もこの研究を続け、当時その著作群を読んで感銘を受けていたジョン・アーリの「移動の社会学」を用いたポケモンGOの分析論文「歩く」ことの復権：ポケモンGOの社会学②」を発表した。これが本書の第四章にあたる。ポケモンGOは他のスマホゲームとは違って、GPSによる位置情報を用いて、ゲーム世界と現実世界をリンクさせており、現実世界での移動がゲーム世界の移動となり、何らかの報酬が得られるようになっていた。この仕掛けは面白いと感じた。

その後、日常でゲームプレイを続け、国内外のポケモンGOの地域密着型の短期大規模イベント（横浜、鳥取、台湾、横須賀、シカゴ、札幌など）に参加した。ゲームプレイをしながらフィールドワークを行い、発見したことや、そこで考えたり調査したことを論文化した。本書の第五章と第六章、第七章がこれに該当する。

ポケモンGOの新しい点は先ほども書いたようにゲーム世界と現実世界をリンクさせており、社会空間のデジタル化（ポケモンGOのプレイ画面）を行いAR技術を使用し、私たちの日常社会とは異なる視点を与えてくれることにある。ちょうど二〇二〇年二月から全世界規模でのパンデミックが発生し、現在でも収束する気配はない。大学や会社では「密」を避けるため、オンライン授業やリモート会議が行われた。ポケモンGOもコロナ禍の対策を行いそのコンテンツを大幅に変更した。ポケモンGOの社会空間のデジタル化やAR技術の使用は、今話題となっている「メタバース」社会の到来を告げ、その扉を叩くものだ。ぜひ本書の八章と九章を読んでもらいたい。もしかしたら、私たちの時間と空間の把握とその利用方法、感情や思考を大きく変えるものとなるかもしれない。AR技術を用いたメタバースの開発に、ポケモンGOを製作した米ナイアンティック社は社運をかけている。私たちの近未来がどうなるのかを想像するだけでも、「ワクワク感」を押さえることはできない。

新刊

社会空間のデジタル化による変化と可能性

ポケモンGOの社会学

フィールドワーク×観光×デジタル空間

圓田 浩一 著

四六判　二六二頁
三九六〇円（税込）

洲之内徹のエッセイ

宇和川　雄

高校一年生の時、「朝の読書」という時間があった。ホームルームのはじまる前の十分間、各自が静かに本を読む。読む本は自由。いろいろな本を試してみたが、十分という短い読書に適していたのは、やはりエッセイだった。寺田寅彦の『柿の種』、須賀敦子の『トリエステの坂道』、そして洲之内徹の『気まぐれ美術館』。この三冊は今でもときどき読み返す。エッセイはまさに柿の種のようにつまめるが、しかし滋味があり、詩情があり、思いがけない発見がある。大学に入ってから私はヴァルター・ベンヤミンの研究をはじめたが、思えばベンヤミンもまたエッセイを思考の武器にした人だった。私の研究テーマの選択には、そうすると、先に挙げた三

人のエッセイストたちのひそかな導きがあったのかもしれない。

三人のうち、寺田寅彦と須賀敦子の名はよく知られているが、最後の一人はおそらくそうでもないだろう。洲之内徹（一九一三─一九八七）は愛媛県の旧制松山中学の出身で、私にとっては母校の遠い先輩にあたる（ちなみに校歌の作詞者でもある）。東京美術学校に進んだ後、紆余曲折を経て物書きになった洲之内は、戦後は銀座の画廊のオーナーになり、一九七〇年代からは『芸術新潮』にエッセイ「気まぐれ美術館」を連載。無名の画家を次々に発掘し、その卓越した目利きで小林秀雄をうならせた。

その「気まぐれ美術館」のシリーズのなかで、とくに印象に残っているエッセイがある。タイトルは、「帰りたい風景」。話の中心にあるのは、一枚の絵だ。あるとき洲之内のところに知り合いの画家が絵を持ってきた。その画家のふるさとの、瀬戸内の海を描いた風景画だ。それを見た洲之内は言いようのない「懐かしさ」を感じる。この「懐かしさ」は何なのか。数日後、洲之内は夢を見る。その夢のなかで彼は、かつて松山で暮らしていた頃に足繁く通っていたとある「女の家」に居る。なぜそんな夢を見たのか、彼には思い当たる節があった。彼が彼女と関係をもっていたのは、終戦後まだ間もない頃のことだった。二人の関係はしかし長くは続かず、彼女はやがて松山を去り、郷里の町で二年後に亡くなることになる。彼女の生前、洲之内はいちど来島海峡に臨むその小さな港町を訪れたことがあった。そのとき彼女に連れられて登った小高い山のうえから見た、「瀬戸内海の明るい風景」──洲之

内はそれが最近見た風景画とひそかにつながっていることに気がつく。あの絵はたしかに、記憶のなかにある瀬戸内の風景とよく似ている。だとすれば、あの絵から「女」の郷里へと、そして彼女がかつて住んでいた松山の家へと、無意識のうちに連想がつながり、そうしてあんな夢を見たのではないか。だからこそ、あの絵はかくも懐かしく感じられたのではないか。ひとりの画家の描いた、ふるさとの「帰りたい風景」が、洲之内のなかに眠る「帰りたい風景」を呼び覚ます。

当時、松山の市内で古本屋をやっていた私は、夕方、店を閉めると、自転車か、あるいはいまはなくなったがその頃はあった小さな私鉄で二つ目の駅まで行き、そこから田圃の中の道を歩いて女の家へ行くのだったが、麦秋の頃には、畦道の脇の草の中に、金砂子をぶちまけたように蛍が光っていた。私は道端の畠から玉葱の葉を一本折り、捕えた蛍を次々とその中へ入れてゆくが、女の家へ着く頃には手に持ったその葱の葉が、宵闇の中で、青く光る一本の細い棒のように見えるのであった。持って行った蛍を蚊帳の中へ放して、顔の上を明滅しつつ横切っていく光の糸を楽しみながら、女と寝る。そもそも〈帰りたい風景〉だった。

（洲之内徹『帰りたい風景』新潮文庫、一九九九年、二七―二八頁）

「小さな私鉄」とは伊予鉄道の森松線（一九六五年廃線）のことで、この路線には伊予立花・石井・森松の三つの駅しかなかったから、「二つ目の駅」とは石井駅のことで間違いない。宵の畦道を男がひとり、葱の葉で蛍筒を結わえながら歩いていく。この幻想的な風景が、洲之内にとっての「帰りたい風景」だった。洲之内がこのエッセイを書いたのは、一九七六年。あの「小さな私鉄」はもはやなく、かつて夜道を照らしてくれた蛍たちももういない。そのためそれは、洲之内にとってはもはや失われた、〈帰ることのできない〉風景でもある。彼の松山嫌いは有名で、彼にとってこの街は、そもそも〈帰りたくない風景〉だった。帰りたくない、しかし帰りたい。帰りたい、しかし帰ることはできない。その煩悶のなかで洲之内の描く松山の風景は、どこか切なく、そして甘い。

高校時代に読んだ文庫本の擦り切れたカバーを見ながら、私はときどきあの朝の教室のことを思い出す。そして洲之内徹のノスタルジーに、自身の高校時代へのノスタルジーを重ねながら考える。洲之内徹とヴァルター・ベンヤミンが「芸術」に言葉で触れるときの手つきの違いについて。そして二人のエッセイを並べたときに見えてくる、エッセイというジャンルの可能性について。

（関西学院大学　うわがわ・ゆう）

夏休みの宿題は「やんばるの森」

齋木　喜美子

日本児童文学者協会の機関誌『日本児童文学』の編集長からメールをいただいたのは、二〇二二年五月末ごろのことであったか。なんでも、「森へ川へ」というテーマで特集を組み、森や川を舞台にした児童文学について考えてみたいとのことだった。なるほど。森や川は子どもの日常の遊び場であり、自然体験や冒険などが繰り広げられてきた魅力的な場でもある。古今東西、森や川を舞台にたくさんの作品が出版されて子どもたちに親しまれてきたに違いない。面白そうな企画だと思ったが、むろん単なるご案内の

メールなどではなかった。ついては沖縄の「やんばるの森」も取り上げたいので、エッセイを書いてくれる人を探しており……。メールを読む限り、私が書いてもよいし、誰か知り合いの作家を紹介することでもよいという、ファジーな相談なのであった。さて困った。あいにく「やんばるの森」について書いている作家に知り合いはないし、かといって私の専門は歴史研究で、沖縄の現代児童文学に精通しているわけでもない。しばし逡巡したが、紹介者に当てがない以上は自分で「書く」と腹をくくるしかない。

二千文字程度のエッセイとはいえ、捏造するわけにはいくまい。とりあえず「諾」と返信して、私の夏休みの宿題は「やんばるの森」児童文学の調査と相成った。

沖縄は「昔話の宝庫」と言われているから、当初はガジュマルの木の精「キジムナー」や、やんばるの森に住むという「ブナガヤ」の物語が多いのではないかと予測した。だが調べてみると、自然科学系の知識読み物が圧倒的に多いことがわかってきた。「やんばるの森」は、昨年世界自然遺産に登録されただけに、固

有種の生息地としても名高い。だから「ヤンバルクイナ」をはじめ、「ノグチゲラ」「ヤンバルテナガコガネ」など、珍しい生き物たちの生態について解説した読み物や図鑑の類が多いのは当然と言えば当然か。沖縄出身の私もよく知らなかった生き物もいたりして、すっかり読者の視点で楽しませてもらった。

創作に目を向けてみると、タイトルの示す通り「やんばる」を舞台とした作品をいくつか見つけることができた。主人

公の少年とおじいが、山の恵みに感謝して行う「シヌグ祭り」(国の重要無形民俗文化財)に参加するお話。川でうなぎを取ったり、野生のバンシルー(グァバ)をもいで食べたりと、自然と戯れる子どもたちの日常を描いた物語もあった。やんばるの森で繰り広げられる木の精の誕生をめぐるファンタジックな物語や、昔話の定番ともいえる「ブナガヤ」や「キジムナー」の物語も健在だった。いずれの作品も、根底には「森の自然が命を育む」というテーマが息づいていて、改めて「やんばるの森」の豊かさを思った。

と、これで話がまとまればいかにも「森へ川へ」というテーマにふさわしい、心躍るような作品紹介でエッセイを締めくくることができるはずだった。ところが現実はそう無邪気でも素朴でもなかった。どのジャンルの本にも必ずと言ってよいほど、野生化したペット、道路にあふれるようになった自動車、開発のため

の森林伐採や米軍基地建設、米軍の軍事演習などによって森が破壊され、生き物たちが絶滅の危機に瀕しているという過酷な現実が影を落としていた。また過去の戦争の記憶にまつわる物語も多く、やんばるの少年たちが「護郷隊」の名で徴用されて命を落とした話や、「やんばるの森」に逃げ込んだものの食糧難や爆撃で苦労した話など、沖縄の負の遺産が盛り込まれていたのである。正直に告白すると、今まで観光客が「青い海と白い砂浜」、「トロピカル」だの「エキゾチック」だのと、いかにも南国情緒あふれる言葉で語る沖縄イメージを、ステレオタイプだと思っていた。だけど、今回の宿題を引き受けたおかげで、私自身にも「やんばるの森」と言えば「豊かな自然」、「物語の宝庫」というステレオタイプが潜んでいたことに気づかされた。やはり夏休みの宿題もやってみるものである。

(関西学院大学　さいき・きみこ)

イラスト　右頁…本を読むキジムナー　左頁…ゆしびんとセマルハコガメ　いずれも喜久山悟 画

第2回

関西ライカ倶楽部

『ライカの画集』

ドイツのフランクフルトで一九世紀の半ばに創業されたエルンスト・ライツ社（現・ライカ）は、顕微鏡などの光学機器を製造するメーカーだった。一九一〇年、写真撮影が趣味だった技師オスカー・バルナックが入社し、映画用ロールフィルムを使った小型カメラの試作を開始する。試作機（ウル・ライカ）を基にさらなる開発研究が進められ、一九二五年に最初の市販モデルとなる小型カメラ、ライカⅠ型が発売された。後続のレンズ交換式や距離計を装備するタイプが

一九三〇年代に製造されると、世界中の写真愛好家からその優れた性能が賞賛され、ライカによる手持ちの自由な撮影が写真行為の新たなスタンダードとなっていった。

日本においても発売当初からライカへの関心は高く、プロ・アマ問わず写真家たちにとって憧れの的となった。その後もライカ人気は衰えをみせず、一九三八年七月にはその名もズバリの写真集『ライカの画集』が出版される。編集兼発行者は梶榮之丞、大阪市東区（現・中央

区）を拠点とする関西ライカ倶楽部が発行元である。定価は五円で、丸善大阪支店が大売捌所となった。巻頭に掲げられた「発刊の辞」で編者の梶は次のように述べる。「ライカの傑作ばかりを集めた画集が、日本からも一冊位は出版されてよい時分である。その待望が各方面から集つて来て、到頭私達の手でその第一集を刊行することになりました。／計画を発表したのが此の四月初め、作品の募集期間が約一ケ月といふライカらしい高速度で一気呵成にやつてのけたので、まだ

まだ大きい魚を逸しても居ることでせう」。この写真集の刊行自体が、まこと機動性に秀でたライカのごときスピーディーな出来事であった。

短い募集期間ではあったが、写真集には計百六点の作品が賑々しく掲載されている。京都の家垣鹿之助、神戸の岡本久雄といった関西のアマチュア有力者が名を連ねるが、とりわけ大阪の丹平写真倶楽部のメンバーがずらりと登場していて壮観である。同倶楽部リーダーの安井仲治をはじめ、上田備山、川﨑亀太郎、木村勝正、手塚粲といった面々だ。ちなみに手塚粲は漫画家・手塚治虫の父親である。また、東京からは実力のあるプロ写真家たちが参集した。風情あふれる銀座の街並みを撮り続けた師岡宏次、鉄道写真で知られるとともに百冊を超える写真技術書を著した吉川速男、そして日本におけるライカの名手・木村伊兵衛。そんな東京の写真家たちに紛れるように、一

人の日本画家の写真がそっと収められていた。山口蓬春の「冬装」である。

山口蓬春は洗練された独自のスタイルを構築し、「新日本画」の創造に大きな足跡を残した。新しい感性に立脚して描かれた瑞々しい日本画は、蓬春モダニズムとも呼ばれている。掲載作「冬装」については、巻末に撮影データと短いコメントが付されている。「12／11／─午後快晴 タンバール9㎝」というデータにやや驚く。一九三七（昭和十二）年十一

山口蓬春「冬装」

月に撮影された写真には「タンバール」というレンズが使われていた。それは一九三五年に製造されたもので、ライカのレンズには珍しい幻想的な雰囲気のソフトフォーカス効果が特徴とされる。ただ僅かな本数しか製造されなかっただ伝説のレンズと呼ばれ、撮られた作品も稀少とされる。蓬春の写真はその点からも貴重な作例といえるものである。画伯は次のようにコメントしている。「毛皮といふもの、持つあの柔かくふつくりとした感じは、タンバールで写して見ることが一番良さそうに思ひました」。すでに画家たちの多くが各種のカメラ機材を手にしてはいたが、稀少なレンズを使いこなす蓬春は画家の中でも抜きん出たライカの使い手であったことがうかがえる。神奈川県葉山にある山口蓬春記念館は、画伯が戦後の一九四八年から亡くなる七一年までを過ごした旧邸宅であるが、同館のHPによると「当時売り出さ

─ 11 ─

れていたこの建物をドイツ製カメラ「ライカ」一式を売却することで手に入れました」とある。戦前期の写真界隈では機材の大層高額な様から「ライカ一台、家一軒」という常套句が流通していたが、なんと終戦後においてもこのフレーズは健在だったのだ。

それではあらためて大判の『ライカの画集』をめくってみる。掲載されている画像をゆっくりと眺めた後、巻末の撮影データを参照していく。するとこの写真集には撮影スポットとして、阪神間にあった高級リゾートが繰り返し登場していることに気づく。甲子園ホテルである。かつて「東の帝国ホテル、西の甲子園ホテル」と並び称された施設であり、現在は甲子園会館の名称で武庫川女子大学建築学部のキャンパスとなっている。帝国ホテルの支配人だった林愛作とフランク・ロイド・ライトの愛弟子の建築家・遠藤新が協力して計画を進め、一九三〇年に竣工・開業と相成った。

『婦人之友』同年6月号では、自身が撮影した写真とともに遠藤が「池を隔て、眺めた全景です。／二本の塔が煙突と通風の集団、其中間低い所がパブリックスペースで屋上庭園、塔の外側に累々たる屋根は客室の一団、一番低い大きい屋根が右で食堂、左で宴会」と自作の紹介をしている。また前回登場した『アシヤ写真サロン 1935』には「阪神間第一の健康地」と謳う甲子園ホテルの広告頁があり、ローマ字表記の大きなネオン看板が輝く夜景写真の下段に、「空気清澄。水質卓絶」「八千坪の大池。五千坪の庭園」「室料一名五円以上」「甲子園球場へ二分。阪神パークへ五分」等の案内文が列記されている。

かように甲子園ホテルといえば、大きな池越しに角のような「二本の塔」のある建築が目印の光景なのだが、写真集にはそのような引きで建物の姿を写したものはない。兵庫県の河原榮一「芥子の花」はタイトル通り、池を背景にライカで草花に寄っている。撮影データに場所は示されていないが、作者コメントには「甲子園ホテルの庭園へ天然色の活動写真を写しに行つた序に撮つたもの」とある。また大阪市の富山進一「女」は、日本髪を結つたモダン柄の和装女性が池の端で屈む姿を斜め後ろからスナップしている。その撮影データには「12／5／中旬　於　甲子園ホテル」と明記されている。作者のコメントは「此の時も随分色々と写して見ましたが、結局相手の意識しない処を失敬した此の作品が一番自然に出来ました」とのこと。さらにもう一点、神戸市の前田敏郎「語らひ」ではライカのレンズは足元の靴と床に寄っている。この「語らひ」についてのコメントは掲載されていないが、撮影データには「11／6／─晴　於　甲子園ホテルエルマー5㎝」とある。「エルマー」は

前田敏範「語らひ」

一九三〇年に製造・発売されたライカレンズの元祖的存在である。

前田敏範の「語らひ」は甲子園ホテルのどのあたりで写されたものだろうか。

屋外での自然光による撮影、その特徴的な床タイル、多分に演出的ではあるが床に捨てられたマッチ棒といった画像情報から、そこは屋上庭園の一角だったと推察される。壁際の椅子に女性が座り、撮影者である男性が向かいあって煙草を嗜んでいる。ライカを所有する裕福なモボとモガの午後のひととき、といったところか。彼らに限ったことではないが、洋装・和装を問わず人々はめいめいっぱいお酒落をして甲子園ホテルを訪れていたのである。それにしても写真のモガが履いている白のTストラップパンプスがひときわ印象的だ。こうした細部の図像もモダニズムの大切なかけらの一つである。当時のベストセラー『現代猟奇尖端図鑑』（新潮社）には、同様の形状のパンプスを履いたハリウッドモデルたちの写真がたくさん登場している。そこには「二十世紀の流行は、断髪や、ノオ・ストッキングから始まった。身体の先端は、やがて流行の尖端だ。上の図を見給へ、擬玉とルビーで目も綾な五百弗のスリッパが体の先端に光つてゐる」といった記述もみられる。パンプスではなく、当時の呼称はスリッパだったのか。このように多くのモボ・モガたちを引き寄せ、ライカで諸所を撮影された甲子園ホテルであったが、大戦末期の一九四四年に営業は停止となり海軍病院に転用される。さらに終戦後のGHQ占領期には米軍将校宿舎として代用された。

ふたたび巻頭の「発刊の辞」に戻る。

「写真画といふものが、そして同時に特に小型カメラに依る作品といふものが、果してどういふ方向に進むべきものであるかといふ問題に付て、此の一冊の画集は、何等かの暗示を鑑賞者に与へるだらうと信じて居ります。／比較的早い時期に引続き第二集を出したい考へであります」と編者の梶は述べた。その翌年、新たに十二点の写真が追加されて、装幀や定価も更新された『ライカの画集［第一集］改訂版』が発行される。だが残念ながら、予告されていた「第二集」の刊行は叶わなかった。戦前期の日本人によるライカ写真のオープンな競演というものを、もう少しばかり写真集というかたちで見てみたかったものである。

（名古屋芸術大学　まつみ・てるひこ）

新型コロナウイルス（Covid-19）は依然として猛威をふるいつつあるようで、日本では八月末現在、毎日の感染者が二十万人を越している。つい二カ月前には、もはやマスクはあまりしないでよい、という指示が上から出されていたはずなのに、今や第七波とか。これでやむのか第八波が来るのか。出口はいつ見えるのか。

フランスではほとんどの規制が解除されたようで、街中でマスクをしている人は非常に少ない。それでは、専門家たちはこの先どのような展開を予想しているのか。以下は、昨年十二月の段階、すなわちデルタ株についでオミクロン株が出現し始めた段階で、今後ありうる三つのシナリオについて、フランスの専門家たちがどう考えているかの記事の紹介である（L'OBS 09/12/2021）。

第一のシナリオ。「新型コロナウイルスは近く消滅する」。

もっとも楽観的な見方をしているのはウイルス学のクリスティヌ・ルーツィウー氏（Christine Rouzieux）で、彼女は、ワクチンは三回の接

種が必要で、三回接種すれば細胞の免疫を十分高められると、ワクチンの効果を強調している。このオプチミズムの予測に対しては、免疫をつけることによって感染がなくなるとするのは空論であるとする学者も多い。国立科学センターの研究者であり、『進化、エコロジー、パンデミー』（Evolution, écologie et pandémies）の著者サミュエル・アリゾン（Samuel Alizon）は三つの理由をあげている。まずワクチン接種によっては伝染を十分に防げない。また住民の大半にワクチン接種がなされていない地域では新たな変異株が生まれて来る可能性がある。さらに鹿類、齧歯類（ウサギ、ネズミなど）の動物に新たな病原巣がある、と。

第二のシナリオ。「新型コロナウイルスはインフルエンザのように住み着く」。

新型コロナウイルスも広まるにつれ、他の呼吸器ウイルスにならって、冬になるとやってくるインフルエンザのように、季節病になると。「その場合には、ヴィールスは重大な結果を引き起こさない」とモンペリエ大学教授、ミ

ルセア・ソフォネア（Mircea Sofronea）は説明する。ただ毎年半年ぐらいマスクをしていなければならないし、ワクチンを接種することが必要となる。ほっぺたにキスのような生活習慣も変わるかもしれぬ。看護人確保のために医療システムを再編成する必要も出てくるだろう等々。

第三のシナリオ。「新型ウイルスは変異し、どんな制御からも逃れる」。

初めの頃、学者たちは、ウイルスは時が経つにつれて弱まると考えていたが、ソフォネア教授は「それは作り話だ」と断言する。また多くの専門家はウイルスの危険度についてはまだよくわかってないことが多いと慎重な姿勢を示している。もっとも恐れられているのは、免疫が感染によって得られたにせよ、ワクチンから得られたにせよ、どんな免疫も無効にする変異株が出現することである。「その場合にはゼロからやりなおさねばならない」とサミュエル・アリゾン氏は警告する。住民がワクチンを打っていない地域（ヨーロッパ人の六三パーセントは少なくとも一回は打っているのに対し、アフリ

カ大陸では一一パーセントにとどまっていること）が残っている以上、こうした可能性は排除できない、と。

以上、大雑把な紹介しかできないのだが、こうした記事を読んで感じたことが二つある。一つは、新型コロナウイルスについてはわかっていないことが多いので、専門家も今後どうなるか断定できず、三つのシナリオの間で揺れている人もいること。もう一つは、現在のワクチンの効力には限界があるが、しかし一定の効果があるのだから、全大陸でワクチン接種を促進すべきだとする点では一致しているらしいこと。

実はこの五月、私は身体がだるいので医者に行ってコロナウイルスの検査をしてもらったところ、陽性と出た。微熱が二、三日続いただけでなんとかおさまったのだが、これは当時ワクチンを三回接種していたおかげかもしれない。先日四回目を終えたが、オミクロン株に対してはたして有効なのだろうか。

（フランス文学者　えびさか・たけし）

■ 好評既刊 ■
キリスト教史学会学会賞受賞

女たちの日韓キリスト教史
神山 美奈子[著]

日本による朝鮮植民地時代から現代まで、日韓女性キリスト者たちは互いをどう理解し活動を展開したのか、フェミニズムの視点から考察。第2部には韓国フェミニスト神学についての論考を収録。

A5判 272頁 4840円（税込）

■ スタッフ通信 ■

趣味は何かと聞かれたときに熱く語れるものが私にはない。何か新しいことを始めてみたいな、そんなふうに思っていた矢先、1Day・ワークショップの広告が目に留まった。それはパネルに本物の葉等を貼り、彩色をした作品だった。これだ！ 一瞬で目を奪われ心踊る気持ちになり、すぐに申し込みをした。申し込んだだけなのにワクワクしている。これが今後の趣味に繋がるかはわからないけれど、ひとつ先の楽しみができたことが、いまとても嬉しい。（川）

コトワリ No. 64 2022年10月発行
〈非売品・ご自由にお持ちください〉

知の創造空間から発信する
関西学院大学出版会
K.G. University Press

〒662-0891 兵庫県西宮市上ケ原一番町1-155
電話0798-53-7002 FAX0798-53-5870
http://www.kgup.jp/ mail kwansei-up@kgup.jp